햇살콩 필사묵상노트

쓰담쓰담 욥기

쓰고 쓰고 담다 닦아가다

규장

'쓰담쓰닮' 필사묵상노트 시리즈를 펴내며

하나님 말씀은 살아있어 운동력 있는 '생명의 말씀'입니다.

책을 빠르게 넘기지 말고
한 구절 한 구절 천천히 읽고 필사하면서
생명력 있는 하나님 말씀을 마음에 담으세요.
"쓰고 담으세요!"

정성껏 새기며 깊이 묵상할 때
내 삶에 말씀이 숨쉬고
그분을 닮아가는 은혜가 깃듭니다.
"쓰고 닮아가세요!"

성경 쓰기를 통해
하나님과 일대일로 만나는 깊은 교제의 시간을 가지며
여러분의 신앙을 지켜가길 기도합니다.

"쓰담쓰닮"
하나님의 말씀이 당신을 위로하고
당신의 삶에 등불이 됨을 경험하십시오.

주의 말씀은 내 발에 등이요 내 길에 빛이니이다 시 119:105

필사를 시작하며

1. 말씀을 쓰기 전에 성령님의 도우심을 구하며 기도하세요.

보혜사 곧 아버지께서 내 이름으로 보내실 성령 그가 너희에게 모든 것을 가르치고
내가 너희에게 말한 모든 것을 생각나게 하리라 요 14:26

2. 말씀을 천천히 소리 내어 읽으며 필사하세요.

나의 반석이시요 나의 구속자이신 여호와여 내 입의 말과 마음의 묵상이
주님 앞에 열납되기를 원하나이다 시 19:14

3. 필사한 말씀을 묵상하고 삶에 적용하세요.

여호와의 교훈은 정직하여 마음을 기쁘게 하고 여호와의 계명은 순결하여
눈을 밝게 하시도다 시 19:8

4. 말씀을 쓰고 난 후 기도로 마무리하세요.

하나님의 말씀과 기도로 거룩하여짐이라 딤전 4:5

5. 필사하며 받은 은혜를 다른 이에게도 흘려보내세요.

오직 선을 행함과 서로 나누어주기를 잊지 말라 하나님은 이같은 제사를
기뻐하시느니라 히 13:16

쓰담쓰담 필사묵상노트 활용법

◇ 한 장이 끝나면, 햇살콩 묵상을 천천히 읽어주세요.

◇ 필사하면서 마음에 남는 구절을 깊이 묵상하며 하나님이 부어주시는 마음과
삶에 적용하고픈 내용을 '나의 묵상' 공간에 기록하세요.

◇ 묵상을 마치면 캘리그라피를 따라 쓰며 말씀을 마음에 한 번 더 새기세요.

◇ 햇살콩 일러스트와 말씀 구절을 통해 잠잠히 묵상하는 시간을 가져보세요.

욥기 Job

고난과 승리의 책. 허물이나 범죄와는 상관없이 닥치는
'억울한' 고난에 대한 이야기. 욥은 이러한 고난이
닥치는 이유를 최고 책임자인 하나님께 물음으로
고난의 신비와 함께 하나님의 신비까지 경험한다.
욥을 통해 고난은 고난 당하는 사람을 거룩하고
아름답게 하는 하나님의 주권적인 방법임을 알 수 있으며
의인이 고난 중에도 경건한 신앙적 자세를 견지하면
결국 하나님의 복과 구원을 받는다는 사실을 깨닫는다.

욥의 고난	욥의 변론					욥의 회복	
욥의 시련 (1-2장)	첫째 변론 (3-14장)	둘째 변론 (15-21장)	셋째 변론 (22-26장)	욥의 마지막 답변 (27-31장)	엘리후의 답변 (32-37장)	하나님의 말씀 (38-41장)	회복 (42장)
욥의 환경 사탄 시험	엘리바스, 빌닷, 소바가 욥과 세 차례 변론함			욥의 두 차례 독백	세 차례 권면과 답변	하나님의 질문과 욥의 답변	욥의 구원

– 《포커스성경》(대한기독교서회) 발췌

일러두기

내가 모태에서 알몸으로 나왔사온즉
또한 알몸이 그리로 돌아가올지라
주신 이도 여호와시요 거두신 이도 여호와시오니
여호와의 이름이 찬송을 받으실지니이다
욥 1:21

욥기 1장

사탄이 욥을 시험하다

1 우스 땅에 욥이라 불리는 사람이 있었는데 그 사람은 온전하고 정직하여
  하나님을 경외하며 악에서 떠난 자더라

2 그에게 아들 일곱과 딸 셋이 태어나니라

3 그의 소유물은 양이 칠천 마리요 낙타가 삼천 마리요 소가 오백 겨리요
  암나귀가 오백 마리이며 종도 많이 있었으니 이 사람은 동방 사람 중에
  가장 훌륭한 자라

4 그의 아들들이 자기 생일에 각각 자기의 집에서 잔치를 베풀고
  그의 누이 세 명도 청하여 함께 먹고 마시더라

5 그들이 차례대로 잔치를 끝내면 욥이 그들을 불러다가 성결하게 하되
  아침에 일어나서 그들의 명수대로 번제를 드렸으니 이는 욥이 말하기를
  혹시 내 아들들이 죄를 범하여 마음으로 하나님을 욕되게 하였을까 함이라
  욥의 행위가 항상 이러하였더라

6 하루는 하나님의 아들들이 와서 여호와 앞에 섰고 사탄도 그들 가운데에 온지라

7 여호와께서 사탄에게 이르시되 네가 어디서 왔느냐
  사탄이 여호와께 대답하여 이르되 땅을 두루 돌아 여기저기 다녀왔나이다

8 여호와께서 사탄에게 이르시되 네가 내 종 욥을 주의하여 보았느냐 그와 같이
  온전하고 정직하여 하나님을 경외하며 악에서 떠난 자는 세상에 없느니라

9 사탄이 여호와께 대답하여 이르되 욥이 어찌 까닭 없이 하나님을 경외하리이까

10 주께서 그와 그의 집과 그의 모든 소유물을 울타리로 두르심 때문이
   아니니이까 주께서 그의 손으로 하는 바를 복되게 하사
   그의 소유물이 땅에 넘치게 하셨음이니이다

11 이제 주의 손을 펴서 그의 모든 소유물을 치소서
   그리하시면 틀림없이 주를 향하여 욕하지 않겠나이까

12 여호와께서 사탄에게 이르시되 내가 그의 소유물을 다 네 손에 맡기노라
   다만 그의 몸에는 네 손을 대지 말지니라 사탄이 곧 여호와 앞에서 물러가니라

욥이 자녀와 재산을 잃다

13 하루는 욥의 자녀들이 그 맏아들의 집에서 음식을 먹으며 포도주를 마실 때에

14 사환이 욥에게 와서 아뢰되 소는 밭을 갈고 나귀는 그 곁에서 풀을 먹는데

15 스바 사람이 갑자기 이르러 그것들을 빼앗고 칼로 종들을 죽였나이다
   나만 홀로 피하였으므로 주인께 아뢰러 왔나이다

16 그가 아직 말하는 동안에 또 한 사람이 와서 아뢰되
   하나님의 불이 하늘에서 떨어져서 양과 종들을 살라버렸나이다
   나만 홀로 피하였으므로 주인께 아뢰러 왔나이다

17 그가 아직 말하는 동안에 또 한 사람이 와서 아뢰되 갈대아 사람이
   세 무리를 지어 갑자기 낙타에게 달려들어 그것을 빼앗으며 칼로 종들을
   죽였나이다 나만 홀로 피하였으므로 주인께 아뢰러 왔나이다

18 그가 아직 말하는 동안에 또 한 사람이 와서 아뢰되 주인의 자녀들이
   그들의 맏아들의 집에서 음식을 먹으며 포도주를 마시는데

19 거친 들에서 큰 바람이 와서 집 네 모퉁이를 치매 그 청년들 위에 무너지므로
   그들이 죽었나이다 나만 홀로 피하였으므로 주인께 아뢰러 왔나이다 한지라

20 욥이 일어나 겉옷을 찢고 머리털을 밀고 땅에 엎드려 예배하며

21 이르되 내가 모태에서 알몸으로 나왔사온즉 또한 알몸이 그리로 돌아가올지라
주신 이도 여호와시요 거두신 이도 여호와시오니
여호와의 이름이 찬송을 받으실지니이다 하고

22 이 모든 일에 욥이 범죄하지 아니하고 하나님을 향하여 원망하지 아니하니라

욥기 2장

사탄이 다시 욥을 시험하다

1 또 하루는 하나님의 아들들이 와서 여호와 앞에 서고
사탄도 그들 가운데에 와서 여호와 앞에 서니

2 여호와께서 사탄에게 이르시되 네가 어디서 왔느냐
사탄이 여호와께 대답하여 이르되 땅을 두루 돌아 여기저기 다녀왔나이다

3 여호와께서 사탄에게 이르시되 네가 내 종 욥을 주의하여 보았느냐
그와 같이 온전하고 정직하여 하나님을 경외하며 악에서 떠난 자가
세상에 없느니라 네가 나를 충동하여 까닭 없이 그를 치게 하였어도
그가 여전히 자기의 온전함을 굳게 지켰느니라

4 사탄이 여호와께 대답하여 이르되 가죽으로 가죽을 바꾸오니
사람이 그의 모든 소유물로 자기의 생명을 바꾸올지라

5 이제 주의 손을 펴서 그의 뼈와 살을 치소서
그리하시면 틀림없이 주를 향하여 욕하지 않겠나이까

<u>6</u> 여호와께서 사탄에게 이르시되 내가 그를 네 손에 맡기노라
다만 그의 생명은 해하지 말지니라

<u>7</u> 사탄이 이에 여호와 앞에서 물러가서 욥을 쳐서
그의 발바닥에서 정수리까지 종기가 나게 한지라

<u>8</u> 욥이 재 가운데 앉아서 질그릇 조각을 가져다가 몸을 긁고 있더니

<u>9</u> 그의 아내가 그에게 이르되 당신이 그래도 자기의 온전함을 굳게 지키느냐
하나님을 욕하고 죽으라

<u>10</u> 그가 이르되 그대의 말이 한 어리석은 여자의 말 같도다
우리가 하나님께 복을 받았은즉 화도 받지 아니하겠느냐 하고
이 모든 일에 욥이 입술로 범죄하지 아니하니라

친구들이 욥을 위로하러 오다

<u>11</u> 그때에 욥의 친구 세 사람이 이 모든 재앙이 그에게 내렸다 함을 듣고
각각 자기 지역에서부터 이르렀으니 곧 데만 사람 엘리바스와
수아 사람 빌닷과 나아마 사람 소발이라 그들이 욥을 위문하고
위로하려 하여 서로 약속하고 오더니

<u>12</u> 눈을 들어 멀리 보매 그가 욥인 줄 알기 어렵게 되었으므로
그들이 일제히 소리 질러 울며 각각 자기의 겉옷을 찢고
하늘을 향하여 티끌을 날려 자기 머리에 뿌리고

<u>13</u> 밤낮 칠 일 동안 그와 함께 땅에 앉았으나 욥의 고통이 심함을 보므로
그에게 한마디도 말하는 자가 없었더라

욥기 3장

욥이 자기 생일을 저주하다

1 그 후에 욥이 입을 열어 자기의 생일을 저주하니라

2 욥이 입을 열어 이르되

3 내가 난 날이 멸망하였더라면, 사내아이를 배었다 하던 그 밤도 그러하였더라면,

4 그날이 캄캄하였더라면, 하나님이 위에서 돌아보지 않으셨더라면,
빛도 그날을 비추지 않았더라면,

5 어둠과 죽음의 그늘이 그날을 자기의 것이라 주장하였더라면,
구름이 그 위에 덮였더라면, 흑암이 그날을 덮었더라면,

6 그 밤이 캄캄한 어둠에 잡혔더라면, 해의 날 수와 달의 수에 들지 않았더라면,

7 그 밤에 자식을 배지 못하였더라면, 그 밤에 즐거운 소리가 나지 않았더라면,

8 날을 저주하는 자들 곧 리워야단을 격동시키기에 익숙한 자들이
그 밤을 저주하였더라면,

9 그 밤에 새벽별들이 어두웠더라면, 그 밤이 광명을 바랄지라도 얻지 못하며
동틈을 보지 못하였더라면 좋았을 것을,

10 이는 내 모태의 문을 닫지 아니하여 내 눈으로 환난을 보게 하였음이로구나

11 어찌하여 내가 태에서 죽어 나오지 아니하였던가
어찌하여 내 어머니가 해산할 때에 내가 숨지지 아니하였던가

12 어찌하여 무릎이 나를 받았던가 어찌하여 내가 젖을 빨았던가

13 그렇지 아니하였던들 이제는 내가 평안히 누워서 자고 쉬었을 것이니

14 자기를 위하여 폐허를 일으킨 세상 임금들과 모사들과 함께 있었을 것이요

15 혹시 금을 가지며 은으로 집을 채운 고관들과 함께 있었을 것이며

16 또는 낙태되어 땅에 묻힌 아이처럼 나는 존재하지 않았겠고
빛을 보지 못한 아이들 같았을 것이라

17 거기서는 악한 자가 소요를 그치며 거기서는 피곤한 자가 쉼을 얻으며

18 거기서는 갇힌 자가 다 함께 평안히 있어 감독자의 호통 소리를 듣지 아니하며

19 거기서는 작은 자와 큰 자가 함께 있고 종이 상전에게서 놓이느니라

20 어찌하여 고난 당하는 자에게 빛을 주셨으며
마음이 아픈 자에게 생명을 주셨는고

21 이러한 자는 죽기를 바라도 오지 아니하니 땅을 파고 숨긴 보배를 찾음보다
죽음을 구하는 것을 더하다가

22 무덤을 찾아 얻으면 심히 기뻐하고 즐거워하나니

23 하나님에게 둘러싸여 길이 아득한 사람에게 어찌하여 빛을 주셨는고

24 나는 음식 앞에서도 탄식이 나며 내가 앓는 소리는 물이 쏟아지는 소리 같구나

25 내가 두려워하는 그것이 내게 임하고
내가 무서워하는 그것이 내 몸에 미쳤구나

26 나에게는 평온도 없고 안일도 없고 휴식도 없고 다만 불안만이 있구나

사단은 욥이 하나님을 경외하는 진짜 이유가
복 때문이라고 말합니다. 모든 풍요가 사라지면
그도 신앙을 버릴 거라 하지요.

어느 날 욥은 모든 걸 잃고
심한 병에 걸립니다.
그러나 이해할 수 없는 고통과 환난 앞에서
하나님을 경배함으로 반응합니다.

우리는 무엇 때문에
하나님을 섬기며 사랑하나요?
모든 걸 잃어버린다 해도
순전한 믿음을 지킬 수 있나요?

우리가 진정 사랑하는 것이
눈에 보이는 복이 아니라
찬양받기 합당하신 하나님이기를 소망합니다.

욥기를 읽고 쓰면서
그분을 깊이 만나고 더욱 신뢰하기를
온 맘 다해 축복합니다.

나의 묵상 ────────────────────────────

이 모든 일에 욥이 범죄하지 아니하고
하나님을 향하여 원망하지 아니하니라

욥기 4장

엘리바스의 첫 번째 말

1 데만 사람 엘리바스가 대답하여 이르되

2 누가 네게 말하면 네가 싫증을 내겠느냐, 누가 참고 말하지 아니하겠느냐

3 보라 전에 네가 여러 사람을 훈계하였고 손이 늘어진 자를 강하게 하였고

4 넘어지는 자를 말로 붙들어 주었고 무릎이 약한 자를 강하게 하였거늘

5 이제 이 일이 네게 이르매 네가 힘들어하고
  이 일이 네게 닥치매 네가 놀라는구나

6 네 경외함이 네 자랑이 아니냐 네 소망이 네 온전한 길이 아니냐

7 생각하여보라 죄 없이 망한 자가 누구인가 정직한 자의 끊어짐이 어디 있는가

8 내가 보건대 악을 밭 갈고 독을 뿌리는 자는 그대로 거두나니

9 다 하나님의 입 기운에 멸망하고 그의 콧김에 사라지느니라

10 사자의 우는 소리와 젊은 사자의 소리가 그치고 어린 사자의 이가 부러지며

11 사자는 사냥한 것이 없어 죽어가고 암사자의 새끼는 흩어지느니라

12 어떤 말씀이 내게 가만히 이르고 그 가느다란 소리가 내 귀에 들렸었나니

13 사람이 깊이 잠들 즈음 내가 그 밤에 본 환상으로 말미암아
  생각이 번거로울 때에

14 두려움과 떨림이 내게 이르러서 모든 뼈마디가 흔들렸느니라

15 그때에 영이 내 앞으로 지나매 내 몸에 털이 주뼛하였느니라

16 그 영이 서있는데 나는 그 형상을 알아보지는 못하여도 오직 한 형상이
  내 눈앞에 있었느니라 그때에 내가 조용한 중에 한 목소리를 들으니

17 사람이 어찌 하나님보다 의롭겠느냐
  사람이 어찌 그 창조하신 이보다 깨끗하겠느냐

18 하나님은 그의 종이라도 그대로 믿지 아니하시며
그의 천사라도 미련하다 하시나니

19 하물며 흙집에 살며 티끌로 터를 삼고 하루살이 앞에서라도 무너질 자이겠느냐

20 아침과 저녁 사이에 부스러져 가루가 되며
영원히 사라지되 기억하는 자가 없으리라

21 장막 줄이 그들에게서 뽑히지 아니하겠느냐 그들은 지혜가 없이 죽느니라

욥기 5장

1 너는 부르짖어 보라 네게 응답할 자가 있겠느냐
거룩한 자 중에 네가 누구에게로 향하겠느냐

2 분노가 미련한 자를 죽이고 시기가 어리석은 자를 멸하느니라

3 내가 미련한 자가 뿌리내리는 것을 보고 그의 집을 당장에 저주하였노라

4 그의 자식들은 구원에서 멀고 성문에서 억눌리나 구하는 자가 없으며

5 그가 추수한 것은 주린 자가 먹되 덫에 걸린 것도 빼앗으며
올무가 그의 재산을 향하여 입을 벌리느니라

6 재난은 티끌에서 일어나는 것이 아니며 고생은 흙에서 나는 것이 아니니라

7 사람은 고생을 위하여 났으니 불꽃이 위로 날아가는 것 같으니라

8 나라면 하나님을 찾겠고 내 일을 하나님께 의탁하리라

9 하나님은 헤아릴 수 없이 큰일을 행하시며 기이한 일을 셀 수 없이 행하시나니

10 비를 땅에 내리시고 물을 밭에 보내시며

11 낮은 자를 높이 드시고 애곡하는 자를 일으키사 구원에 이르게 하시느니라

12 하나님은 교활한 자의 계교를 꺾으사 그들의 손이 성공하지 못하게 하시며

13 지혜로운 자가 자기의 계략에 빠지게 하시며
　　간교한 자의 계략을 무너뜨리시므로

14 그들은 낮에도 어두움을 만나고 대낮에도 더듬기를 밤과 같이 하느니라

15 하나님은 가난한 자를 강한 자의 칼과 그 입에서, 또한 그들의 손에서
　　구출하여주시나니

16 그러므로 가난한 자가 희망이 있고 악행이 스스로 입을 다무느니라

17 볼지어다 하나님께 징계받는 자에게는 복이 있나니
　　그런즉 너는 전능자의 징계를 업신여기지 말지니라

18 하나님은 아프게 하시다가 싸매시며 상하게 하시다가 그의 손으로 고치시나니

19 여섯 가지 환난에서 너를 구원하시며 일곱 가지 환난이라도
　　그 재앙이 네게 미치지 않게 하시며

20 기근 때에 죽음에서, 전쟁 때에 칼의 위협에서 너를 구원하실 터인즉

21 네가 혀의 채찍을 피하여 숨을 수가 있고
　　멸망이 올 때에도 두려워하지 아니할 것이라

22 너는 멸망과 기근을 비웃으며 들짐승을 두려워하지 말라

23 들에 있는 돌이 너와 언약을 맺겠고 들짐승이 너와 화목하게 살 것이니라

24 네가 네 장막의 평안함을 알고 네 우리를 살펴도 잃은 것이 없을 것이며

25 네 자손이 많아지며 네 후손이 땅의 풀과 같이 될 줄을 네가 알 것이라

26 네가 장수하다가 무덤에 이르리니 마치 곡식단을 제때에 들어올림 같으니라

27 볼지어다 우리가 연구한 바가 이와 같으니 너는 들어보라 그러면 네가 알리라

욥기 6장

욥의 대답

1 욥이 대답하여 이르되

2 나의 괴로움을 달아보며 나의 파멸을 저울 위에 모두 놓을 수 있다면

3 바다의 모래보다도 무거울 것이라 그러므로 나의 말이 경솔하였구나

4 전능자의 화살이 내게 박히매 나의 영이 그 독을 마셨나니
하나님의 두려움이 나를 엄습하여 치는구나

5 들나귀가 풀이 있으면 어찌 울겠으며 소가 꼴이 있으면 어찌 울겠느냐

6 싱거운 것이 소금 없이 먹히겠느냐 닭의 알 흰자위가 맛이 있겠느냐

7 내 마음이 이런 것을 만지기도 싫어하나니 꺼리는 음식물같이 여김이니라

8 나의 간구를 누가 들어줄 것이며 나의 소원을 하나님이 허락하시랴

9 이는 곧 나를 멸하시기를 기뻐하사 하나님이 그의 손을 들어
나를 끊어버리실 것이라

10 그러할지라도 내가 오히려 위로를 받고 그칠 줄 모르는 고통 가운데서도
기뻐하는 것은 내가 거룩하신 이의 말씀을 거역하지 아니하였음이라

11 내가 무슨 기력이 있기에 기다리겠느냐
내 마지막이 어떠하겠기에 그저 참겠느냐

12 나의 기력이 어찌 돌의 기력이겠느냐 나의 살이 어찌 놋쇠겠느냐

13 나의 도움이 내 속에 없지 아니하냐
나의 능력이 내게서 쫓겨나지 아니하였느냐

14 낙심한 자가 비록 전능자를 경외하기를 저버릴지라도
그의 친구로부터 동정을 받느니라

₁₅ 내 형제들은 개울과 같이 변덕스럽고 그들은 개울의 물살같이 지나가누나

₁₆ 얼음이 녹으면 물이 검어지며 눈이 그 속에 감추어질지라도

₁₇ 따뜻하면 마르고 더우면 그 자리에서 아주 없어지나니

₁₈ 대상들은 그들의 길을 벗어나서 삭막한 들에 들어가 멸망하느니라

₁₉ 데마의 떼들이 그것을 바라보고 스바의 행인들도 그것을 사모하다가

₂₀ 거기 와서는 바라던 것을 부끄러워하고 낙심하느니라

₂₁ 이제 너희는 아무것도 아니로구나 너희가 두려운 일을 본즉 겁내는구나

₂₂ 내가 언제 너희에게 무엇을 달라고 말했더냐
나를 위하여 너희 재물을 선물로 달라고 하더냐

₂₃ 내가 언제 말하기를 원수의 손에서 나를 구원하라 하더냐
폭군의 손에서 나를 구원하라 하더냐

₂₄ 내게 가르쳐서 나의 허물 된 것을 깨닫게 하라 내가 잠잠하리라

₂₅ 옳은 말이 어찌 그리 고통스러운고, 너희의 책망은 무엇을 책망함이냐

₂₆ 너희가 남의 말을 꾸짖을 생각을 하나 실망한 자의 말은 바람에 날아가느니라

₂₇ 너희는 고아를 제비 뽑으며 너희 친구를 팔아넘기는구나

₂₈ 이제 원하건대 너희는 내게로 얼굴을 돌리라
내가 너희를 대면하여 결코 거짓말하지 아니하리라

₂₉ 너희는 돌이켜 행악자가 되지 말라 아직도 나의 의가 건재하니 돌아오라

₃₀ 내 혀에 어찌 불의한 것이 있으랴 내 미각이 어찌 속임을 분간하지 못하랴

올바르게 살았는데도
불행한 일이 일어날 때면
묻고 싶어집니다.

'왜 내게 이런 일이 일어날까?'
'하나님은 진정 공의로우신가?'
'하나님이 나를 더 이상 사랑하시지 않는 걸까?'

욥은 이 같은 마음속 의문을
애써 숨기지 않고
솔직히 털어놓습니다.

하나님은 우리가 부정적인 감정을
아무렇지 않은 척 숨기길 원치 않으십니다.
숨길수록 더 커지기 때문입니다.

오늘, 내 작은 신음까지 귀 기울이시는 하나님께
아프고 고통스러운 마음을 솔직히 이야기하십시오.

나의 묵상 ——————————————————

나라면 하나님을 찾겠고
내 일을 하나님께 의탁하리라

사람이 무엇이기에
주께서 그를 크게 만드사 그에게 마음을 두시고
아침마다 권징하시며 순간마다 단련하시나이까
욥 7:17,18

욥기 7장

1 이 땅에 사는 인생에게 힘든 노동이 있지 아니하겠느냐
  그의 날이 품꾼의 날과 같지 아니하겠느냐

2 종은 저녁 그늘을 몹시 바라고 품꾼은 그의 삯을 기다리나니

3 이와 같이 내가 여러 달째 고통을 받으니 고달픈 밤이 내게 작정되었구나

4 내가 누울 때면 말하기를 언제나 일어날까, 언제나 밤이 갈까 하며
  새벽까지 이리 뒤척, 저리 뒤척 하는구나

5 내 살에는 구더기와 흙덩이가 의복처럼 입혀졌고
  내 피부는 굳어졌다가 터지는구나

6 나의 날은 베틀의 북보다 빠르니 희망 없이 보내는구나

7 내 생명이 한낱 바람 같음을 생각하옵소서
  나의 눈이 다시는 행복을 보지 못하리이다

8 나를 본 자의 눈이 다시는 나를 보지 못할 것이고
  주의 눈이 나를 향하실지라도 내가 있지 아니하리이다

9 구름이 사라져 없어짐같이 스올로 내려가는 자는
  다시 올라오지 못할 것이오니

10 그는 다시 자기 집으로 돌아가지 못하겠고
   자기 처소도 다시 그를 알지 못하리이다

11 그런즉 내가 내 입을 금하지 아니하고 내 영혼의 아픔 때문에 말하며
   내 마음의 괴로움 때문에 불평하리이다

12 내가 바다니이까 바다 괴물이니이까 주께서 어찌하여 나를 지키시나이까

<u>13</u> 혹시 내가 말하기를 내 잠자리가 나를 위로하고
내 침상이 내 수심을 풀리라 할 때에

<u>14</u> 주께서 꿈으로 나를 놀라게 하시고 환상으로 나를 두렵게 하시나이다

<u>15</u> 이러므로 내 마음이 뼈를 깎는 고통을 겪으니
차라리 숨이 막히는 것과 죽는 것을 택하리이다

<u>16</u> 내가 생명을 싫어하고 영원히 살기를 원하지 아니하오니
나를 놓으소서 내 날은 헛것이니이다

<u>17</u> 사람이 무엇이기에 주께서 그를 크게 만드사 그에게 마음을 두시고

<u>18</u> 아침마다 권징하시며 순간마다 단련하시나이까

<u>19</u> 주께서 내게서 눈을 돌이키지 아니하시며 내가 침을 삼킬 동안도
나를 놓지 아니하시기를 어느 때까지 하시리이까

<u>20</u> 사람을 감찰하시는 이여 내가 범죄하였던들 주께 무슨 해가 되오리이까
어찌하여 나를 당신의 과녁으로 삼으셔서 내게 무거운 짐이 되게 하셨나이까

<u>21</u> 주께서 어찌하여 내 허물을 사하여주지 아니하시며
내 죄악을 제거하여 버리지 아니하시나이까
내가 이제 흙에 누우리니 주께서 나를 애써 찾으실지라도
내가 남아있지 아니하리이다

욥기 8장

빌닷의 첫 번째 말

1 수아 사람 빌닷이 대답하여 이르되

2 네가 어느 때까지 이런 말을 하겠으며
어느 때까지 네 입의 말이 거센 바람과 같겠는가

3 하나님이 어찌 정의를 굽게 하시겠으며
전능하신 이가 어찌 공의를 굽게 하시겠는가

4 네 자녀들이 주께 죄를 지었으므로 주께서 그들을 그 죄에 버려두셨나니

5 네가 만일 하나님을 찾으며 전능하신 이에게 간구하고

6 또 청결하고 정직하면 반드시 너를 돌보시고
네 의로운 처소를 평안하게 하실 것이라

7 네 시작은 미약하였으나 네 나중은 심히 창대하리라

8 청하건대 너는 옛 시대 사람에게 물으며 조상들이 터득한 일을 배울지어다

9 (우리는 어제부터 있었을 뿐이라 우리는 아는 것이 없으며 세상에 있는 날이
그림자와 같으니라)

10 그들이 네게 가르쳐 이르지 아니하겠느냐
그 마음에서 나오는 말을 하지 아니하겠느냐

11 왕골이 진펄 아닌 데서 크게 자라겠으며 갈대가 물 없는 데서 크게 자라겠느냐

12 이런 것은 새순이 돋아 아직 뜯을 때가 되기 전에
다른 풀보다 일찍이 마르느니라

13 하나님을 잊어버리는 자의 길은 다 이와 같고 저속한 자의 희망은 무너지리니

14 그가 믿는 것이 끊어지고 그가 의지하는 것이 거미줄 같은즉

15 그 집을 의지할지라도 집이 서지 못하고
   굳게 붙잡아 주어도 집이 보존되지 못하리라

16 그는 햇빛을 받고 물이 올라 그 가지가 동산에 뻗으며

17 그 뿌리가 돌무더기에 서리어서 돌 가운데로 들어갔을지라도

18 그곳에서 뽑히면 그 자리도 모르는 체하고 이르기를
   내가 너를 보지 못하였다 하리니

19 그 길의 기쁨은 이와 같고 그 후에 다른 것이 흙에서 나리라

20 하나님은 순전한 사람을 버리지 아니하시고
   악한 자를 붙들어 주지 아니하시므로

21 웃음을 네 입에, 즐거운 소리를 네 입술에 채우시리니

22 너를 미워하는 자는 부끄러움을 당할 것이라 악인의 장막은 없어지리라

욥기 9장

욥의 대답

1 욥이 대답하여 이르되

2 진실로 내가 이 일이 그런 줄을 알거니와 인생이 어찌 하나님 앞에 의로우랴

3 사람이 하나님께 변론하기를 좋아할지라도
   천 마디에 한 마디도 대답하지 못하리라

4 그는 마음이 지혜로우시고 힘이 강하시니
   그를 거슬러 스스로 완악하게 행하고도 형통할 자가 누구이랴

5 그가 진노하심으로 산을 무너뜨리시며 옮기실지라도 산이 깨닫지 못하며

6 그가 땅을 그 자리에서 움직이시니 그 기둥들이 흔들리도다

7 그가 해를 명령하여 뜨지 못하게 하시며 별들을 가두시도다

8 그가 홀로 하늘을 펴시며 바다 물결을 밟으시며

9 북두성과 삼성과 묘성과 남방의 밀실을 만드셨으며

10 측량할 수 없는 큰일을, 셀 수 없는 기이한 일을 행하시느니라

11 그가 내 앞으로 지나시나 내가 보지 못하며
   그가 내 앞에서 움직이시나 내가 깨닫지 못하느니라

12 하나님이 빼앗으시면 누가 막을 수 있으며
   무엇을 하시나이까 하고 누가 물을 수 있으랴

13 하나님이 진노를 돌이키지 아니하시나니
   라합을 돕는 자들이 그 밑에 굴복하겠거든

14 하물며 내가 감히 대답하겠으며 그 앞에서 무슨 말을 택하랴

15 가령 내가 의로울지라도 대답하지 못하겠고
   나를 심판하실 그에게 간구할 뿐이며

16 가령 내가 그를 부르므로 그가 내게 대답하셨을지라도
   내 음성을 들으셨다고는 내가 믿지 아니하리라

17 그가 폭풍으로 나를 치시고 까닭 없이 내 상처를 깊게 하시며

18 나를 숨 쉬지 못하게 하시며 괴로움을 내게 채우시는구나

19 힘으로 말하면 그가 강하시고 심판으로 말하면 누가 그를 소환하겠느냐

20 가령 내가 의로울지라도 내 입이 나를 정죄하리니
   가령 내가 온전할지라도 나를 정죄하시리라

21 나는 온전하다마는 내가 나를 돌아보지 아니하고 내 생명을 천히 여기는구나

22 일이 다 같은 것이라 그러므로 나는 말하기를
하나님이 온전한 자나 악한 자나 멸망시키신다 하나니

23 갑자기 재난이 닥쳐 죽을지라도 무죄한 자의 절망도 그가 비웃으시리라

24 세상이 악인의 손에 넘어갔고 재판관의 얼굴도 가려졌나니
그렇게 되게 한 이가 그가 아니시면 누구냐

25 나의 날이 경주자보다 빨리 사라져 버리니 복을 볼 수 없구나

26 그 지나가는 것이 빠른 배 같고 먹이에 날아내리는 독수리와도 같구나

27 가령 내가 말하기를 내 불평을 잊고 얼굴빛을 고쳐
즐거운 모양을 하자 할지라도

28 내 모든 고통을 두려워하오니 주께서 나를 죄 없다고 여기지
않으실 줄을 아나이다

29 내가 정죄하심을 당할진대 어찌 헛되이 수고하리이까

30 내가 눈 녹은 물로 몸을 씻고 잿물로 손을 깨끗하게 할지라도

31 주께서 나를 개천에 빠지게 하시리니 내 옷이라도 나를 싫어하리이다

32 하나님은 나처럼 사람이 아니신즉 내가 그에게 대답할 수 없으며
함께 들어가 재판을 할 수도 없고

33 우리 사이에 손을 얹을 판결자도 없구나

34 주께서 그의 막대기를 내게서 떠나게 하시고
그의 위엄이 나를 두렵게 하지 아니하시기를 원하노라

35 그리하시면 내가 두려움 없이 말하리라
나는 본래 그렇게 할 수 있는 자가 아니니라

욥의 친구들은
극심한 고통 속에 있는 욥의 마음을
헤아리지 않고 도리어 책망합니다.

하나님 앞에 신실하지 못했던
욥의 죄 때문이라면서
그를 위선자로 몰아세웁니다.

우리도 누군가의 절망적인 상황을
함부로 판단할 때가 있습니다.
'하나님께 무언가 큰 죄를 지었겠지.'

그러나 인간의 지혜로 하나님의 섭리와 다스림을
이해할 수 있다고 생각하는 건 교만입니다.

아픔 가운데 있는 이들을
먼저 위로해주세요.
입을 열기보다 귀를 열어주세요.
그리고 그가 끝까지
하나님을 붙들도록 기도해주세요.

나의 묵상 ─────────────────────────────

진실로 내가 이 일이 그런 줄을 알거니와
인생이 어찌 하나님 앞에 의로우랴

욥기 10장

1 　내 영혼이 살기에 곤비하니 내 불평을 토로하고
　　내 마음이 괴로운 대로 말하리라

2 　내가 하나님께 아뢰오리니 나를 정죄하지 마시옵고
　　무슨 까닭으로 나와 더불어 변론하시는지 내게 알게 하옵소서

3 　주께서 주의 손으로 지으신 것을 학대하시며 멸시하시고
　　악인의 꾀에 빛을 비추시기를 선히 여기시나이까

4 　주께도 육신의 눈이 있나이까 주께서 사람처럼 보시나이까

5 　주의 날이 어찌 사람의 날과 같으며 주의 해가 어찌 인생의 해와 같기로

6 　나의 허물을 찾으시며 나의 죄를 들추어내시나이까

7 　주께서는 내가 악하지 않은 줄을 아시나이다
　　주의 손에서 나를 벗어나게 할 자도 없나이다

8 　주의 손으로 나를 빚으셨으며 만드셨는데 이제 나를 멸하시나이다

9 　기억하옵소서 주께서 내 몸 지으시기를 흙을 뭉치듯 하셨거늘
　　다시 나를 티끌로 돌려보내려 하시나이까

10 　주께서 나를 젖과 같이 쏟으셨으며 엉긴 젖처럼 엉기게 하지 아니하셨나이까

11 　피부와 살을 내게 입히시며 뼈와 힘줄로 나를 엮으시고

12 　생명과 은혜를 내게 주시고 나를 보살피심으로 내 영을 지키셨나이다

13 　그러한데 주께서 이것들을 마음에 품으셨나이다
　　이 뜻이 주께 있는 줄을 내가 아나이다

<u>14</u> 내가 범죄하면 주께서 나를 죄인으로 인정하시고
내 죄악을 사하지 아니하시나이다

<u>15</u> 내가 악하면 화가 있을 것이오며 내가 의로울지라도 머리를 들지 못하는 것은
내 속에 부끄러움이 가득하고 내 환난을 내 눈이 보기 때문이니이다

<u>16</u> 내가 머리를 높이 들면 주께서 젊은 사자처럼 나를 사냥하시며
내게 주의 놀라움을 다시 나타내시나이다

<u>17</u> 주께서 자주자주 증거하는 자를 바꾸어 나를 치시며
나를 향하여 진노를 더하시니 군대가 번갈아서 치는 것 같으니이다

<u>18</u> 주께서 나를 태에서 나오게 하셨음은 어찌함이니이까
그렇지 아니하셨더라면 내가 기운이 끊어져
아무 눈에도 보이지 아니하였을 것이라

<u>19</u> 있어도 없던 것같이 되어서 태에서 바로 무덤으로 옮겨졌으리이다

<u>20</u> 내 날은 적지 아니하니이까 그런즉 그치시고 나를 버려두사
잠시나마 평안하게 하시되

<u>21</u> 내가 돌아오지 못할 땅 곧 어둡고 죽음의 그늘진 땅으로 가기 전에
그리하옵소서

<u>22</u> 땅은 어두워서 흑암 같고 죽음의 그늘이 져서 아무 구별이 없고
광명도 흑암 같으니이다

욥기 11장

소발의 첫 번째 말

1   나아마 사람 소발이 대답하여 이르되

2   말이 많으니 어찌 대답이 없으랴 말이 많은 사람이 어찌 의롭다 함을 얻겠느냐

3   네 자랑하는 말이 어떻게 사람으로 잠잠하게 하겠으며
    네가 비웃으면 어찌 너를 부끄럽게 할 사람이 없겠느냐

4   네 말에 의하면 내 도는 정결하고 나는 주께서 보시기에 깨끗하다 하는구나

5   하나님은 말씀을 내시며 너를 향하여 입을 여시고

6   지혜의 오묘함으로 네게 보이시기를 원하노니 이는 그의 지식이 광대하심이라
    하나님께서 너로 하여금 너의 죄를 잊게 하여주셨음을 알라

7   네가 하나님의 오묘함을 어찌 능히 측량하며
    전능자를 어찌 능히 완전히 알겠느냐

8   하늘보다 높으시니 네가 무엇을 하겠으며
    스올보다 깊으시니 네가 어찌 알겠느냐

9   그의 크심은 땅보다 길고 바다보다 넓으니라

10 하나님이 두루 다니시며 사람을 잡아 가두시고
    재판을 여시면 누가 능히 막을소냐

11 하나님은 허망한 사람을 아시나니
    악한 일은 상관하지 않으시는 듯하나 다 보시느니라

12 허망한 사람은 지각이 없나니 그의 출생함이 들나귀 새끼 같으니라

13 만일 네가 마음을 바로 정하고 주를 향하여 손을 들 때에

14 네 손에 죄악이 있거든 멀리 버리라 불의가 네 장막에 있지 못하게 하라

15 그리하면 네가 반드시 흠 없는 얼굴을 들게 되고 굳게 서서 두려움이 없으리니

16 곧 네 환난을 잊을 것이라 네가 기억할지라도 물이 흘러감 같을 것이며

17 네 생명의 날이 대낮보다 밝으리니
어둠이 있다 할지라도 아침과 같이 될 것이요
18 네가 희망이 있으므로 안전할 것이며 두루 살펴보고 평안히 쉬리라
19 네가 누워도 두렵게 할 자가 없겠고 많은 사람이 네게 은혜를 구하리라
20 그러나 악한 자들은 눈이 어두워서 도망할 곳을 찾지 못하리니
그들의 희망은 숨을 거두는 것이니라

욥기 12장

욥의 대답

1 욥이 대답하여 이르되
2 너희만 참으로 백성이로구나 너희가 죽으면 지혜도 죽겠구나
3 나도 너희같이 생각이 있어 너희만 못하지 아니하니
그 같은 일을 누가 알지 못하겠느냐
4 하나님께 불러 아뢰어 들으심을 입은 내가 이웃에게 웃음거리가 되었으니
의롭고 온전한 자가 조롱거리가 되었구나
5 평안한 자의 마음은 재앙을 멸시하나 재앙이 실족하는 자를 기다리는구나
6 강도의 장막은 형통하고 하나님을 진노하게 하는 자는 평안하니
하나님이 그의 손에 후히 주심이니라
7 이제 모든 짐승에게 물어보라 그것들이 네게 가르치리라
공중의 새에게 물어보라 그것들이 또한 네게 말하리라

8 땅에게 말하라 네게 가르치리라 바다의 고기도 네게 설명하리라

9 이것들 중에 어느 것이 여호와의 손이 이를 행하신 줄을 알지 못하랴

10 모든 생물의 생명과 모든 사람의 육신의 목숨이 다 그의 손에 있느니라

11 입이 음식의 맛을 구별함같이 귀가 말을 분간하지 아니하느냐

12 늙은 자에게는 지혜가 있고 장수하는 자에게는 명철이 있느니라

13 지혜와 권능이 하나님께 있고 계략과 명철도 그에게 속하였나니

14 그가 헐으신즉 다시 세울 수 없고 사람을 가두신즉 놓아주지 못하느니라

15 그가 물을 막으신즉 곧 마르고 물을 보내신즉 곧 땅을 뒤집나니

16 능력과 지혜가 그에게 있고 속은 자와 속이는 자가 다 그에게 속하였으므로

17 모사를 벌거벗겨 끌어가시며 재판장을 어리석은 자가 되게 하시며

18 왕들이 맨 것을 풀어 그들의 허리를 동이시며

19 제사장들을 벌거벗겨 끌어가시고 권력이 있는 자를 넘어뜨리시며

20 충성된 사람들의 말을 물리치시며 늙은 자들의 판단을 빼앗으시며

21 귀인들에게 멸시를 쏟으시며 강한 자의 띠를 푸시며

22 어두운 가운데에서 은밀한 것을 드러내시며
죽음의 그늘을 광명한 데로 나오게 하시며

23 민족들을 커지게도 하시고 다시 멸하기도 하시며
민족들을 널리 퍼지게도 하시고 다시 끌려가게도 하시며

24 만민의 우두머리들의 총명을 빼앗으시고
그들을 길 없는 거친 들에서 방황하게 하시며

25 빛 없이 캄캄한 데를 더듬게 하시며 취한 사람같이 비틀거리게 하시느니라

신문과 뉴스에서
혼란스러운 세상의 이야기가 들려옵니다.
어떻게 기도해야 할지 막막할 때면
말씀을 붙듭니다.

"지혜와 권능이 하나님께 있고
계략과 명철도 그에게 속하였나니"(욥 12:13).

이 땅을 만드시고
역사를 주관하시며 지금도 통치하시는
하나님의 지혜와 주권을 깊이 신뢰합니다.

내 이해와 상식을 초월하여
통치하시는 그분께 기도합니다.

"주님, 세상 곳곳에서 일어나는
재난 속에서도 하나님의 나라와 뜻이
이뤄지기를 기도합니다."

나의 묵상 ────────────────────────

그의 크심은 땅보다 길고
바다보다 넓으니라

나는 나의 모든 고난의 날 동안을 참으면서

풀려나기를 기다리겠나이다

주께서는 나를 부르시겠고 나는 대답하겠나이다

주께서는 주의 손으로 지으신 것을 기다리시겠나이다

욥 14:14,15

욥기 13장

1   나의 눈이 이것을 다 보았고 나의 귀가 이것을 듣고 깨달았느니라

2   너희 아는 것을 나도 아노니 너희만 못하지 않으니라

3   참으로 나는 전능자에게 말씀하려 하며 하나님과 변론하려 하노라

4   너희는 거짓말을 지어내는 자요 다 쓸모없는 의원이니라

5   너희가 참으로 잠잠하면 그것이 너희의 지혜일 것이니라

6   너희는 나의 변론을 들으며 내 입술의 변명을 들어보라

7   너희가 하나님을 위하여 불의를 말하려느냐 그를 위하여 속임을 말하려느냐

8   너희가 하나님의 낯을 따르려느냐 그를 위하여 변론하려느냐

9   하나님이 너희를 감찰하시면 좋겠느냐
     너희가 사람을 속임같이 그를 속이려느냐

10   만일 너희가 몰래 낯을 따를진대 그가 반드시 책망하시리니

11   그의 존귀가 너희를 두렵게 하지 않겠으며
     그의 두려움이 너희 위에 임하지 않겠느냐

12   너희의 격언은 재 같은 속담이요 너희가 방어하는 것은 토성이니라

13   너희는 잠잠하고 나를 버려두어 말하게 하라
     무슨 일이 닥치든지 내가 당하리라

14   내가 어찌하여 내 살을 내 이로 물고 내 생명을 내 손에 두겠느냐

15   그가 나를 죽이시리니 내가 희망이 없노라
     그러나 그의 앞에서 내 행위를 아뢰리라

₁₆ 경건하지 않은 자는 그 앞에 이르지 못하나니 이것이 나의 구원이 되리라

₁₇ 너희들은 내 말을 분명히 들으라 내가 너희 귀에 알려줄 것이 있느니라

₁₈ 보라 내가 내 사정을 진술하였거니와 내가 정의롭다 함을 얻을 줄 아노라

₁₉ 나와 변론할 자가 누구이랴 그러면 내가 잠잠하고 기운이 끊어지리라

욥의 기도

₂₀ 오직 내게 이 두 가지 일을 행하지 마옵소서
그리하시면 내가 주의 얼굴을 피하여 숨지 아니하오리니

₂₁ 곧 주의 손을 내게 대지 마시오며
주의 위엄으로 나를 두렵게 하지 마실 것이니이다

₂₂ 그리하시고 주는 나를 부르소서 내가 대답하리이다
혹 내가 말씀하게 하옵시고 주는 내게 대답하옵소서

₂₃ 나의 죄악이 얼마나 많으니이까 나의 허물과 죄를 내게 알게 하옵소서

₂₄ 주께서 어찌하여 얼굴을 가리시고 나를 주의 원수로 여기시나이까

₂₅ 주께서 어찌하여 날리는 낙엽을 놀라게 하시며 마른 검불을 뒤쫓으시나이까

₂₆ 주께서 나를 대적하사 괴로운 일들을 기록하시며
내가 젊었을 때에 지은 죄를 내가 받게 하시오며

₂₇ 내 발을 차꼬에 채우시며 나의 모든 길을 살피사 내 발자취를 점검하시나이다

₂₈ 나는 썩은 물건의 낡아짐 같으며 좀먹은 의복 같으니이다

욥기 14장

1 여인에게서 태어난 사람은 생애가 짧고 걱정이 가득하며

2 그는 꽃과 같이 자라나서 시들며 그림자같이 지나가며 머물지 아니하거늘

3 이와 같은 자를 주께서 눈여겨보시나이까
  나를 주 앞으로 이끌어서 재판하시나이까

4 누가 깨끗한 것을 더러운 것 가운데에서 낼 수 있으리이까 하나도 없나이다

5 그의 날을 정하셨고 그의 달 수도 주께 있으므로
  그의 규례를 정하여 넘어가지 못하게 하셨사온즉

6 그에게서 눈을 돌이켜 그가 품꾼같이 그의 날을 마칠 때까지
  그를 홀로 있게 하옵소서

7 나무는 희망이 있나니 찍힐지라도 다시 움이 나서 연한 가지가 끊이지 아니하며

8 그 뿌리가 땅에서 늙고 줄기가 흙에서 죽을지라도

9 물기운에 움이 돋고 가지가 뻗어서 새로 심은 것과 같거니와

10 장정이라도 죽으면 소멸되나니 인생이 숨을 거두면 그가 어디 있느냐

11 물이 바다에서 줄어들고 강물이 잦아서 마름같이

12 사람이 누우면 다시 일어나지 못하고 하늘이 없어지기까지 눈을 뜨지 못하며
   잠을 깨지 못하느니라

13 주는 나를 스올에 감추시며 주의 진노를 돌이키실 때까지 나를 숨기시고
   나를 위하여 규례를 정하시고 나를 기억하옵소서

14 장정이라도 죽으면 어찌 다시 살리이까 나는 나의 모든 고난의 날 동안을
   참으면서 풀려나기를 기다리겠나이다

15 주께서는 나를 부르시겠고 나는 대답하겠나이다
   주께서는 주의 손으로 지으신 것을 기다리시겠나이다

16 그러하온데 이제 주께서 나의 걸음을 세시오니
나의 죄를 감찰하지 아니하시나이까

17 주는 내 허물을 주머니에 봉하시고 내 죄악을 싸매시나이다

18 무너지는 산은 반드시 흩어지고 바위는 그 자리에서 옮겨가고

19 물은 돌을 닳게 하고 넘치는 물은 땅의 티끌을 씻어버리나이다
이와 같이 주께서는 사람의 희망을 끊으시나이다

20 주께서 사람을 영원히 이기셔서 떠나게 하시며
그의 얼굴빛을 변하게 하시고 쫓아보내시오니

21 그의 아들들이 존귀하게 되어도 그가 알지 못하며
그들이 비천하게 되어도 그가 깨닫지 못하나이다

22 다만 그의 살이 아프고 그의 영혼이 애곡할 뿐이니이다

욥기 15장

엘리바스의 두 번째 말

1 데만 사람 엘리바스가 대답하여 이르되

2 지혜로운 자가 어찌 헛된 지식으로 대답하겠느냐
어찌 동풍을 그의 복부에 채우겠느냐

3 어찌 도움이 되지 아니하는 이야기, 무익한 말로 변론하겠느냐

4 참으로 네가 하나님 경외하는 일을 그만두어
하나님 앞에 묵도하기를 그치게 하는구나

5 네 죄악이 네 입을 가르치나니 네가 간사한 자의 혀를 좋아하는구나

6   너를 정죄한 것은 내가 아니요 네 입이라
네 입술이 네게 불리하게 증언하느니라

7   네가 제일 먼저 난 사람이냐 산들이 있기 전에 네가 출생하였느냐

8   하나님의 오묘하심을 네가 들었느냐 지혜를 홀로 가졌느냐

9   네가 아는 것을 우리가 알지 못하는 것이 무엇이냐
네가 깨달은 것을 우리가 소유하지 못한 것이 무엇이냐

10 우리 중에는 머리가 흰 사람도 있고 연로한 사람도 있고
네 아버지보다 나이가 많은 사람도 있느니라

11 하나님의 위로와 은밀하게 하시는 말씀이 네게 작은 것이냐

12 어찌하여 네 마음에 불만스러워하며 네 눈을 번뜩거리며

13 네 영이 하나님께 분노를 터뜨리며 네 입을 놀리느냐

14 사람이 어찌 깨끗하겠느냐 여인에게서 난 자가 어찌 의롭겠느냐

15 하나님은 거룩한 자들을 믿지 아니하시나니
하늘이라도 그가 보시기에 부정하거든

16 하물며 악을 저지르기를 물 마심같이 하는
가증하고 부패한 사람을 용납하시겠느냐

17 내가 네게 보이리니 내게서 들으라 내가 본 것을 설명하리라

18 이는 곧 지혜로운 자들이 전하여준 것이니
그들의 조상에게서 숨기지 아니하였느니라

19 이 땅은 그들에게만 주셨으므로 외인은 그들 중에 왕래하지 못하였느니라

20 그 말에 이르기를 악인은 그의 일평생에 고통을 당하며
포악자의 햇수는 정해졌으므로

21 그의 귀에는 무서운 소리가 들리고
그가 평안할 때에 멸망시키는 자가 그에게 이르리니

22 그가 어두운 데서 나오기를 바라지 못하고 칼날이 숨어서 기다리느니라

23 그는 헤매며 음식을 구하여 이르기를 어디 있느냐 하며
흑암의 날이 가까운 줄을 스스로 아느니라

24 환난과 역경이 그를 두렵게 하며 싸움을 준비한 왕처럼 그를 쳐서 이기리라

25 이는 그의 손을 들어 하나님을 대적하며
교만하여 전능자에게 힘을 과시하였음이니라

26 그는 목을 세우고 방패를 들고 하나님께 달려드니

27 그의 얼굴에는 살이 찌고 허리에는 기름이 엉기었고

28 그는 황폐한 성읍, 사람이 살지 아니하는 집,
돌무더기가 될 곳에 거주하였음이니라

29 그는 부요하지 못하고 재산이 보존되지 못하고
그의 소유가 땅에서 증식되지 못할 것이라

30 어두운 곳을 떠나지 못하리니 불꽃이 그의 가지를 말릴 것이라
하나님의 입김으로 그가 불려가리라

31 그가 스스로 속아 허무한 것을 믿지 아니할 것은
허무한 것이 그의 보응이 될 것임이라

32 그의 날이 이르기 전에 그 일이 이루어질 것인즉 그의 가지가 푸르지 못하리니

33 포도 열매가 익기 전에 떨어짐 같고 감람 꽃이 곧 떨어짐 같으리라

34 경건하지 못한 무리는 자식을 낳지 못할 것이며
뇌물을 받는 자의 장막은 불탈 것이라

35 그들은 재난을 잉태하고 죄악을 낳으며 그들의 뱃속에 속임을 준비하느니라

욥이 느끼기에
하나님께서 얼굴을 가리시고
나타나지 않으시는 것만 같습니다.
그의 호소에도 침묵하시는 것만 같습니다.

욥기는
'의인에게 왜 고난이 찾아오는가'에 대한
명확한 답을 주지 않습니다.
다만 창조주 하나님의 능력과 목적을
보여주고 인간의 한계를 드러내지요.

이를 통해 분명한 사실을 깨닫게 됩니다.
하나님이 우리를 여전히 사랑하신다는 것을요.

그분은 우리와 영원히
함께하신다고 약속하셨습니다.
행복할 때나 괴로울 때도 변함없이 동행하시지요.

포기하지 말고
하나님과 대화하기를 갈망하십시오.

주께서 어찌하여 얼굴을 가리시고
나를 주의 원수로 여기시나이까

욥기 16장

욥의 대답

1 욥이 대답하여 이르되

2 이런 말은 내가 많이 들었나니 너희는 다 재난을 주는 위로자들이로구나

3 헛된 말이 어찌 끝이 있으랴 네가 무엇에 자극을 받아 이같이 대답하는가

4 나도 너희처럼 말할 수 있나니 가령 너희 마음이 내 마음자리에 있다 하자
  나도 그럴듯한 말로 너희를 치며 너희를 향하여 머리를 흔들 수 있느니라

5 그래도 입으로 너희를 강하게 하며 입술의 위로로 너희의 근심을 풀었으리라

6 내가 말하여도 내 근심이 풀리지 아니하고
  잠잠하여도 내 아픔이 줄어들지 않으리라

7 이제 주께서 나를 피로하게 하시고 나의 온 집안을 패망하게 하셨나이다

8 주께서 나를 시들게 하셨으니 이는 나를 향하여 증거를 삼으심이라
  나의 파리한 모습이 일어나서 대면하여 내 앞에서 증언하리이다

9 그는 진노하사 나를 찢고 적대시하시며 나를 향하여 이를 갈고
  원수가 되어 날카로운 눈초리로 나를 보시고

10 무리들은 나를 향하여 입을 크게 벌리며 나를 모욕하여 뺨을 치며
   함께 모여 나를 대적하는구나

11 하나님이 나를 악인에게 넘기시며 행악자의 손에 던지셨구나

12 내가 평안하더니 그가 나를 꺾으시며 내 목을 잡아 나를 부서뜨리시며
   나를 세워 과녁을 삼으시고

13 그의 화살들이 사방에서 날아와 사정없이 나를 쏨으로
   그는 내 콩팥들을 꿰뚫고 그는 내 쓸개가 땅에 흘러나오게 하시는구나

<u>14</u> 그가 나를 치고 다시 치며 용사같이 내게 달려드시니

<u>15</u> 내가 굵은 베를 꿰매어 내 피부에 덮고 내 뿔을 티끌에 더럽혔구나

<u>16</u> 내 얼굴은 울음으로 붉었고 내 눈꺼풀에는 죽음의 그늘이 있구나

<u>17</u> 그러나 내 손에는 포학이 없고 나의 기도는 정결하니라

<u>18</u> 땅아 내 피를 가리지 말라 나의 부르짖음이 쉴 자리를 잡지 못하게 하라

<u>19</u> 지금 나의 증인이 하늘에 계시고 나의 중보자가 높은 데 계시니라

<u>20</u> 나의 친구는 나를 조롱하고 내 눈은 하나님을 향하여 눈물을 흘리니

<u>21</u> 사람과 하나님 사이에와 인자와 그 이웃 사이에 중재하시기를 원하노니

<u>22</u> 수년이 지나면 나는 돌아오지 못할 길로 갈 것임이니라

욥기 17장

<u>1</u> 나의 기운이 쇠하였으며 나의 날이 다하였고 무덤이 나를 위하여 준비되었구나

<u>2</u> 나를 조롱하는 자들이 나와 함께 있으므로
내 눈이 그들의 충동함을 항상 보는구나

<u>3</u> 청하건대 나에게 담보물을 주소서 나의 손을 잡아줄 자가 누구리이까

<u>4</u> 주께서 그들의 마음을 가리어 깨닫지 못하게 하셨사오니 그들을 높이지 마소서

<u>5</u> 보상을 얻으려고 친구를 비난하는 자는 그의 자손들의 눈이 멀게 되리라

<u>6</u> 하나님이 나를 백성의 속담거리가 되게 하시니 그들이 내 얼굴에 침을 뱉는구나

<u>7</u> 내 눈은 근심 때문에 어두워지고 나의 온 지체는 그림자 같구나

<u>8</u>　정직한 자는 이로 말미암아 놀라고
　　죄 없는 자는 경건하지 못한 자 때문에 분을 내나니

<u>9</u>　그러므로 의인은 그 길을 꾸준히 가고 손이 깨끗한 자는 점점 힘을 얻느니라

<u>10</u>　너희는 모두 다시 올지니라 내가 너희 중에서 지혜자를 찾을 수 없느니라

<u>11</u>　나의 날이 지나갔고 내 계획, 내 마음의 소원이 다 끊어졌구나

<u>12</u>　그들은 밤으로 낮을 삼고 빛 앞에서 어둠이 가깝다 하는구나

<u>13</u>　내가 스올이 내 집이 되기를 희망하여 내 침상을 흑암에 펴놓으매

<u>14</u>　무덤에게 너는 내 아버지라, 구더기에게 너는 내 어머니, 내 자매라 할지라도

<u>15</u>　나의 희망이 어디 있으며 나의 희망을 누가 보겠느냐

<u>16</u>　우리가 흙 속에서 쉴 때에는 희망이 스올의 문으로 내려갈 뿐이니라

욥기 18장

빌닷의 두 번째 말

1　수아 사람 빌닷이 대답하여 이르되

2　너희가 어느 때에 가서 말의 끝을 맺겠느냐
　　깨달으라 그 후에야 우리가 말하리라

3　어찌하여 우리를 짐승으로 여기며 부정하게 보느냐

4　울분을 터뜨리며 자기 자신을 찢는 사람아
　　너 때문에 땅이 버림을 받겠느냐 바위가 그 자리에서 옮겨지겠느냐

5   악인의 빛은 꺼지고 그의 불꽃은 빛나지 않을 것이요

6   그의 장막 안의 빛은 어두워지고 그 위의 등불은 꺼질 것이요

7   그의 활기찬 걸음이 피곤하여지고 그가 마련한 꾀에 스스로 빠질 것이니

8   이는 그의 발이 그물에 빠지고 올가미에 걸려들며

9   그의 발뒤꿈치는 덫에 치이고 그의 몸은 올무에 얽힐 것이며

10 그를 잡을 덫이 땅에 숨겨져 있고 그를 빠뜨릴 함정이 길목에 있으며

11 무서운 것이 사방에서 그를 놀라게 하고 그 뒤를 쫓아갈 것이며

12 그의 힘은 기근으로 말미암아 쇠하고 그 곁에는 재앙이 기다릴 것이며

13 질병이 그의 피부를 삼키리니 곧 사망의 장자가 그의 지체를 먹을 것이며

14 그가 의지하던 것들이 장막에서 뽑히며 그는 공포의 왕에게로 잡혀가고

15 그에게 속하지 않은 자가 그의 장막에 거하리니
    유황이 그의 처소에 뿌려질 것이며

16 밑으로 그의 뿌리가 마르고 위로는 그의 가지가 시들 것이며

17 그를 기념함이 땅에서 사라지고
    거리에서는 그의 이름이 전해지지 않을 것이며

18 그는 광명으로부터 흑암으로 쫓겨 들어가며 세상에서 쫓겨날 것이며

19 그는 그의 백성 가운데 후손도 없고 후예도 없을 것이며
    그가 거하던 곳에는 남은 자가 한 사람도 없을 것이라

20 그의 운명에 서쪽에서 오는 자와 동쪽에서 오는 자가 깜짝 놀라리라

21 참으로 불의한 자의 집이 이러하고
    하나님을 알지 못하는 자의 처소도 이러하니라

사단이 고난을 통해
시험하고 정죄하려 들 때
예수님은 우리의 의로움을 아시고
하나님 앞에서 변호해주십니다.

"지금 나의 증인이 하늘에 계시고
나의 중보자가 높은 데 계시니라"(욥 16:19).

그 누구도 그 무엇도
위로가 되지 않을 때
내 죄와 형벌을 대신하여 십자가를 짊어지신
예수님을 바라보십시오.

아무리 억울한 고통을 당해도
나를 위해 중보하고 변호하시는
그분을 붙드십시오.

상황과 조건에 휘둘리지 않는
진정한 만족과 기쁨은
오직 하나님으로부터 공급됩니다.

나의 묵상 ————————————————————————

사람과 하나님 사이에와
인자와 그 이웃 사이에
중재하시기를 원하노니

내가 가는 길을 그가 아시나니
그가 나를 단련하신 후에는
내가 순금같이 되어 나오리라

욥 23:10

욥기 19장

욥의 대답

1 욥이 대답하여 이르되

2 너희가 내 마음을 괴롭히며 말로 나를 짓부수기를 어느 때까지 하겠느냐

3 너희가 열 번이나 나를 학대하고도 부끄러워 아니하는구나

4 비록 내게 허물이 있다 할지라도 그 허물이 내게만 있느냐

5 너희가 참으로 나를 향하여 자만하며
  내게 수치스러운 행위가 있다고 증언하려면 하려니와

6 하나님이 나를 억울하게 하시고
  자기 그물로 나를 에워싸신 줄을 알아야 할지니라

7 내가 폭행을 당한다고 부르짖으나 응답이 없고
  도움을 간구하였으나 정의가 없구나

8 그가 내 길을 막아 지나가지 못하게 하시고 내 앞길에 어둠을 두셨으며

9 나의 영광을 거두어가시며 나의 관모를 머리에서 벗기시고

10 사면으로 나를 헐으시니 나는 죽었구나 내 희망을 나무 뽑듯 뽑으시고

11 나를 향하여 진노하시고 원수같이 보시는구나

12 그 군대가 일제히 나아와서 길을 돋우고 나를 치며
   내 장막을 둘러 진을 쳤구나

13 나의 형제들이 나를 멀리 떠나게 하시니
   나를 아는 모든 사람이 내게 낯선 사람이 되었구나

14 내 친척은 나를 버렸으며 가까운 친지들은 나를 잊었구나

15 내 집에 머물러 사는 자와 내 여종들은 나를 낯선 사람으로 여기니
   내가 그들 앞에서 타국 사람이 되었구나

16 내가 내 종을 불러도 대답하지 아니하니
   내 입으로 그에게 간청하여야 하겠구나

17 내 아내도 내 숨결을 싫어하며 내 허리의 자식들도
   나를 가련하게 여기는구나

18 어린아이들까지도 나를 업신여기고 내가 일어나면 나를 조롱하는구나

19 나의 가까운 친구들이 나를 미워하며 내가 사랑하는 사람들이 돌이켜
   나의 원수가 되었구나

20 내 피부와 살이 뼈에 붙었고 남은 것은 겨우 잇몸뿐이로구나

21 나의 친구야 너희는 나를 불쌍히 여겨다오 나를 불쌍히 여겨다오
   하나님의 손이 나를 치셨구나

22 너희가 어찌하여 하나님처럼 나를 박해하느냐 내 살로도 부족하냐

23 나의 말이 곧 기록되었으면, 책에 씌어졌으면,

24 철필과 납으로 영원히 돌에 새겨졌으면 좋겠노라

25 내가 알기에는 나의 대속자가 살아계시니 마침내 그가 땅 위에 서실 것이라

26 내 가죽이 벗김을 당한 뒤에도 내가 육체 밖에서 하나님을 보리라

27 내가 그를 보리니 내 눈으로 그를 보기를 낯선 사람처럼 하지 않을 것이라
   내 마음이 초조하구나

28 너희가 만일 이르기를 우리가 그를 어떻게 칠까 하며
   또 이르기를 일의 뿌리가 그에게 있다 할진대

29 너희는 칼을 두려워할지니라 분노는 칼의 형벌을 부르나니
   너희가 심판장이 있는 줄을 알게 되리라

욥기 20장

소발의 두 번째 말

1 나아마 사람 소발이 대답하여 이르되

2 그러므로 내 초조한 마음이 나로 하여금 대답하게 하나니
이는 내 중심이 조급함이니라

3 내가 나를 부끄럽게 하는 책망을 들었으므로
나의 슬기로운 마음이 나로 하여금 대답하게 하는구나

4 네가 알지 못하느냐 예로부터 사람이 이 세상에 생긴 때로부터

5 악인이 이긴다는 자랑도 잠시요 경건하지 못한 자의 즐거움도 잠깐이니라

6 그 존귀함이 하늘에 닿고 그 머리가 구름에 미칠지라도

7 자기의 똥처럼 영원히 망할 것이라 그를 본 자가 이르기를
그가 어디 있느냐 하리라

8 그는 꿈같이 지나가니 다시 찾을 수 없을 것이요
밤에 보이는 환상처럼 사라지리라

9 그를 본 눈이 다시 그를 보지 못할 것이요
그의 처소도 다시 그를 보지 못할 것이며

10 그의 아들들은 가난한 자에게 은혜를 구하겠고
그도 얻은 재물을 자기 손으로 도로 줄 것이며

11 그의 기골이 청년같이 강장하나 그 기세가 그와 함께 흙에 누우리라

12 그는 비록 악을 달게 여겨 혀 밑에 감추며

13 아껴서 버리지 아니하고 입천장에 물고 있을지라도

14 그의 음식이 창자 속에서 변하며 뱃속에서 독사의 쓸개가 되느니라

15 그가 재물을 삼켰을지라도 토할 것은
   하나님이 그의 배에서 도로 나오게 하심이니

16 그는 독사의 독을 빨며 뱀의 혀에 죽을 것이라

17 그는 강 곧 꿀과 엉긴 젖이 흐르는 강을 보지 못할 것이요

18 수고하여 얻은 것을 삼키지 못하고 돌려주며
   매매하여 얻은 재물로 즐거움을 삼지 못하리니

19 이는 그가 가난한 자를 학대하고 버렸음이요
   자기가 세우지 않은 집을 빼앗음이니라

20 그는 마음에 평안을 알지 못하니
   그가 기뻐하는 것을 하나도 보존하지 못하겠고

21 남기는 것이 없이 모두 먹으니 그런즉 그 행복이 오래 가지 못할 것이라

22 풍족할 때에도 괴로움이 이르리니
   모든 재난을 주는 자의 손이 그에게 임하리라

23 그가 배를 불리려 할 때에 하나님이 맹렬한 진노를 내리시리니
   음식을 먹을 때에 그의 위에 비같이 쏟으시리라

24 그가 철 병기를 피할 때에는 놋화살을 쏘아 꿰뚫을 것이요

25 몸에서 그의 화살을 빼낸즉 번쩍번쩍하는 촉이 그의 쓸개에서 나오고
   큰 두려움이 그에게 닥치느니라

26 큰 어둠이 그를 위하여 예비되어 있고 사람이 피우지 않은 불이
   그를 멸하며 그 장막에 남은 것을 해치리라

27 하늘이 그의 죄악을 드러낼 것이요 땅이 그를 대항하여 일어날 것인즉

28 그의 가산이 떠나가며 하나님의 진노의 날에 끌려가리라

29 이는 악인이 하나님께 받을 분깃이요 하나님이 그에게 정하신 기업이니라

욥기 21장

욥의 대답

1 욥이 대답하여 이르되

2 너희는 내 말을 자세히 들으라 이것이 너희의 위로가 될 것이니라

3 나를 용납하여 말하게 하라 내가 말한 후에 너희가 조롱할지니라

4 나의 원망이 사람을 향하여 하는 것이냐 내 마음이 어찌 조급하지 아니하겠느냐

5 너희가 나를 보면 놀라리라 손으로 입을 가리리라

6 내가 기억하기만 하여도 불안하고 두려움이 내 몸을 잡는구나

7 어찌하여 악인이 생존하고 장수하며 세력이 강하냐

8 그들의 후손이 앞에서 그들과 함께 굳게 서고
자손이 그들의 목전에서 그러하구나

9 그들의 집이 평안하여 두려움이 없고
하나님의 매가 그들 위에 임하지 아니하며

10 그들의 수소는 새끼를 배고 그들의 암소는
낙태하는 일이 없이 새끼를 낳는구나

11 그들은 아이들을 양 떼같이 내보내고 그들의 자녀들은 춤추는구나

12 그들은 소고와 수금으로 노래하고 피리 불어 즐기며

13 그들의 날을 행복하게 지내다가 잠깐 사이에 스올에 내려가느니라

14 그러할지라도 그들은 하나님께 말하기를 우리를 떠나소서
우리가 주의 도리 알기를 바라지 아니하나이다

15 전능자가 누구이기에 우리가 섬기며 우리가 그에게 기도한들
무슨 소용이 있으랴 하는구나

16 그러나 그들의 행복이 그들의 손안에 있지 아니하니
악인의 계획은 나에게서 멀구나

17 악인의 등불이 꺼짐과 재앙이 그들에게 닥침과
하나님이 진노하사 그들을 곤고하게 하심이 몇 번인가

18 그들이 바람 앞에 검불같이, 폭풍에 날려가는 겨같이 되었도다

19 하나님은 그의 죄악을 그의 자손들을 위하여 쌓아두시며
그에게 갚으실 것을 알게 하시기를 원하노라

20 자기의 멸망을 자기의 눈으로 보게 하며
전능자의 진노를 마시게 할 것이니라

21 그의 달 수가 다하면 자기 집에 대하여 무슨 관계가 있겠느냐

22 그러나 하나님께서는 높은 자들을 심판하시나니
누가 능히 하나님께 지식을 가르치겠느냐

<u>23</u> 어떤 사람은 죽도록 기운이 충실하여 안전하며 평안하고

<u>24</u> 그의 그릇에는 젖이 가득하며 그의 골수는 윤택하고

<u>25</u> 어떤 사람은 마음에 고통을 품고 죽으므로 행복을 맛보지 못하는도다

<u>26</u> 이 둘이 매한가지로 흙 속에 눕고 그들 위에 구더기가 덮이는구나

<u>27</u> 내가 너희의 생각을 알고 너희가 나를 해하려는 속셈도 아노라

<u>28</u> 너희의 말이 귀인의 집이 어디 있으며
악인이 살던 장막이 어디 있느냐 하는구나

<u>29</u> 너희가 길 가는 사람들에게 묻지 아니하였느냐
그들의 증거를 알지 못하느냐

<u>30</u> 악인은 재난의 날을 위하여 남겨둔 바 되었고
진노의 날을 향하여 끌려가느니라

<u>31</u> 누가 능히 그의 면전에서 그의 길을 알려주며
누가 그의 소행을 보응하랴

<u>32</u> 그를 무덤으로 메어 가고 사람이 그 무덤을 지키리라

<u>33</u> 그는 골짜기의 흙덩이를 달게 여기리니 많은 사람들이 그보다 앞서갔으며
모든 사람이 그의 뒤에 줄지었느니라

<u>34</u> 그런데도 너희는 나를 헛되이 위로하려느냐 너희 대답은 거짓일 뿐이니라

"나를 향하여 진노하시고
원수같이 보시는구나"(욥 19:11).

욥은 극심한 고통 중에
하나님이 모든 길을 막으시고
그를 그물로 에워싸셨다고 외칩니다.
부르짖어도 응답하지 않으시고
억울함도 풀어주지 않으시며
자기를 원수로 보신다고 한탄합니다.

그러나 기억하십시오.
울며 기도해도 응답조차 없을 때,
하나님께서는 나를 통해
고난 속에도 믿음을 잃지 않는 사람이 있음을
죄악이 가득한 세상과 사단 앞에
증거하길 원하십니다.

하나님의 사랑은
오늘도 변함없이 나를 향합니다.
그분은 결코 나를
원수같이 여기지 않으십니다.

나의 묵상 ────────────────────────────────

악인이 이긴다는 자랑도 잠시요
경건하지 못한 자의 즐거움도 잠깐이니라

욥기 22장

엘리바스의 세 번째 말

1 데만 사람 엘리바스가 대답하여 이르되

2 사람이 어찌 하나님께 유익하게 하겠느냐
지혜로운 자도 자기에게 유익할 따름이니라

3 네가 의로운들 전능자에게 무슨 기쁨이 있겠으며
네 행위가 온전한들 그에게 무슨 이익이 되겠느냐

4 하나님이 너를 책망하시며 너를 심문하심이 너의 경건함 때문이냐

5 네 악이 크지 아니하냐 네 죄악이 끝이 없느니라

6 까닭 없이 형제를 볼모로 잡으며 헐벗은 자의 의복을 벗기며

7 목마른 자에게 물을 마시게 하지 아니하며
주린 자에게 음식을 주지 아니하였구나

8 권세 있는 자는 토지를 얻고 존귀한 자는 거기에서 사는구나

9 너는 과부를 빈손으로 돌려보내며 고아의 팔을 꺾는구나

10 그러므로 올무들이 너를 둘러있고 두려움이 갑자기 너를 엄습하며

11 어둠이 너로 하여금 보지 못하게 하고 홍수가 너를 덮느니라

12 하나님은 높은 하늘에 계시지 아니하냐 보라 우두머리 별이 얼마나 높은가

13 그러나 네 말은 하나님이 무엇을 아시며 흑암 중에서 어찌 심판하실 수 있으랴

14 빽빽한 구름이 그를 가린즉 그가 보지 못하시고
둥근 하늘을 거니실 뿐이라 하는구나

15 네가 악인이 밟던 옛적 길을 지키려느냐

16 그들은 때가 이르기 전에 끊겨버렸고
   그들의 터는 강물로 말미암아 함몰되었느니라

17 그들이 하나님께 말하기를 우리를 떠나소서 하며 또 말하기를
   전능자가 우리를 위하여 무엇을 하실 수 있으랴 하였으나

18 하나님이 좋은 것으로 그들의 집에 채우셨느니라
   악인의 계획은 나에게서 머니라

19 의인은 보고 기뻐하고 죄 없는 자는 그들을 비웃기를

20 우리의 원수가 망하였고 그들의 남은 것을 불이 삼켰느니라 하리라

21 너는 하나님과 화목하고 평안하라 그리하면 복이 네게 임하리라

22 청하건대 너는 하나님의 입에서 교훈을 받고 하나님의 말씀을 네 마음에 두라

23 네가 만일 전능자에게로 돌아가면 네가 지음을 받을 것이며
   또 네 장막에서 불의를 멀리하리라

24 네 보화를 티끌로 여기고 오빌의 금을 계곡의 돌로 여기라

25 그리하면 전능자가 네 보화가 되시며 네게 고귀한 은이 되시리니

26 이에 네가 전능자를 기뻐하여 하나님께로 얼굴을 들 것이라

27 너는 그에게 기도하겠고 그는 들으실 것이며 너의 서원을 네가 갚으리라

28 네가 무엇을 결정하면 이루어질 것이요 네 길에 빛이 비치리라

29 사람들이 너를 낮추거든 너는 교만했노라고 말하라
   하나님은 겸손한 자를 구원하시리라

30 죄 없는 자가 아니라도 건지시리니
   네 손이 깨끗함으로 말미암아 건지심을 받으리라

욥기 23장

욥의 대답

1 욥이 대답하여 이르되

2 오늘도 내게 반항하는 마음과 근심이 있나니
  내가 받는 재앙이 탄식보다 무거움이라

3 내가 어찌하면 하나님을 발견하고 그의 처소에 나아가랴

4 어찌하면 그 앞에서 내가 호소하며 변론할 말을 내 입에 채우고

5 내게 대답하시는 말씀을 내가 알며 내게 이르시는 것을 내가 깨달으랴

6 그가 큰 권능을 가지시고 나와 더불어 다투시겠느냐
  아니로다 도리어 내 말을 들으시리라

7 거기서는 정직한 자가 그와 변론할 수 있은즉
  내가 심판자에게서 영원히 벗어나리라

8 그런데 내가 앞으로 가도 그가 아니 계시고 뒤로 가도 보이지 아니하며

9 그가 왼쪽에서 일하시나 내가 만날 수 없고
  그가 오른쪽으로 돌이키시나 뵈올 수 없구나

10 그러나 내가 가는 길을 그가 아시나니 그가 나를 단련하신 후에는
   내가 순금같이 되어 나오리라

11 내 발이 그의 걸음을 바로 따랐으며 내가 그의 길을 지켜 치우치지 아니하였고

12 내가 그의 입술의 명령을 어기지 아니하고
   정한 음식보다 그의 입의 말씀을 귀히 여겼도다

13 그는 뜻이 일정하시니 누가 능히 돌이키랴
그의 마음에 하고자 하시는 것이면 그것을 행하시나니

14 그런즉 내게 작정하신 것을 이루실 것이라
이런 일이 그에게 많이 있느니라

15 그러므로 내가 그 앞에서 떨며 지각을 얻어 그를 두려워하리라

16 하나님이 나의 마음을 약하게 하시며 전능자가 나를 두렵게 하셨나니

17 이는 내가 두려워하는 것이 어둠 때문이나
흑암이 내 얼굴을 가렸기 때문이 아니로다

욥기 24장

1 어찌하여 전능자는 때를 정해놓지 아니하셨는고
그를 아는 자들이 그의 날을 보지 못하는고

2 어떤 사람은 땅의 경계표를 옮기며 양 떼를 빼앗아 기르며

3 고아의 나귀를 몰아 가며 과부의 소를 볼모 잡으며

4 가난한 자를 길에서 몰아내나니
세상에서 학대받는 자가 다 스스로 숨는구나

5 그들은 거친 광야의 들나귀 같아서
나가서 일하며 먹을 것을 부지런히 구하니
빈 들이 그들의 자식을 위하여 그에게 음식을 내는구나

<u>6</u> 밭에서 남의 꼴을 베며 악인이 남겨둔 포도를 따며

<u>7</u> 의복이 없어 벗은 몸으로 밤을 지내며 추위도 덮을 것이 없으며

<u>8</u> 산중에서 만난 소나기에 젖으며 가릴 것이 없어 바위를 안고 있느니라

<u>9</u> 어떤 사람은 고아를 어머니의 품에서 빼앗으며
가난한 자의 옷을 볼모 잡으므로

<u>10</u> 그들이 옷이 없어 벌거벗고 다니며 곡식 이삭을 나르나 굶주리고

<u>11</u> 그 사람들의 담 사이에서 기름을 짜며
목말라하면서 술틀을 밟느니라

<u>12</u> 성중에서 죽어가는 사람들이 신음하며 상한 자가 부르짖으나
하나님이 그들의 참상을 보지 아니하시느니라

<u>13</u> 또 광명을 배반하는 사람들은 이러하니
그들은 그 도리를 알지 못하며 그 길에 머물지 아니하는 자라

<u>14</u> 사람을 죽이는 자는 밝을 때에 일어나서
학대받는 자나 가난한 자를 죽이고 밤에는 도둑같이 되며

<u>15</u> 간음하는 자의 눈은 저물기를 바라며
아무 눈도 나를 보지 못하리라 하고 얼굴을 가리며

<u>16</u> 어둠을 틈타 집을 뚫는 자는 낮에는 잠그고 있으므로
광명을 알지 못하나니

<u>17</u> 그들은 아침을 죽음의 그늘같이 여기니 죽음의 그늘의 두려움을 앎이니라

18 그들은 물 위에 빨리 흘러가고 그들의 소유는 세상에서 저주를 받나니
   그들이 다시는 포도원 길로 다니지 못할 것이라

19 가뭄과 더위가 눈 녹은 물을 곧 빼앗나니
   스올이 범죄자에게도 그와 같이 하느니라

20 모태가 그를 잊어버리고 구더기가 그를 달게 먹을 것이라
   그는 다시 기억되지 않을 것이니 불의가 나무처럼 꺾이리라

21 그는 임신하지 못하는 여자를 박대하며 과부를 선대하지 아니하는도다

22 그러나 하나님이 그의 능력으로 강포한 자들을 끌어내시나니
   일어나는 자는 있어도 살아남을 확신은 없으리라

23 하나님은 그에게 평안을 주시며 지탱해주시나 그들의 길을 살피시도다

24 그들은 잠깐 동안 높아졌다가 천대를 받을 것이며
   잘려 모아진 곡식 이삭처럼 되리라

25 가령 그렇지 않을지라도 능히 내 말을 거짓되다고 지적하거나
   내 말을 헛되게 만들 자 누구랴

욥은 혹독한 재앙과
친구들의 비난 속에서도
순전함을 버리지 않습니다.

"내가 가는 길을 그가 아시나니
그가 나를 단련하신 후에는
내가 순금같이 되어 나오리라"(욥 23:10).

욥처럼 하나님의 말씀을
가장 귀하게 여기고
그분을 간절히 찾으며
그 길을 따라 살아가기를.

어떤 상황에도 하나님 앞에서
순전함을 굳게 지키겠다는
욥의 고백이 우리의 고백이 되게 하소서!

나의 묵상 ────────────────────────────

내 발이 그의 걸음을 바로 따랐으며
내가 그의 길을 지켜 치우치지 아니하였고

그가 내 길을 살피지 아니하시느냐

내 걸음을 다 세지 아니하시느냐

욥 31:4

욥기 25장

빌닷의 세 번째 말

1 수아 사람 빌닷이 대답하여 이르되

2 하나님은 주권과 위엄을 가지셨고 높은 곳에서 화평을 베푸시느니라

3 그의 군대를 어찌 계수할 수 있으랴 그가 비추는 광명을 받지 않은 자가 누구냐

4 그런즉 하나님 앞에서 사람이 어찌 의롭다 하며
  여자에게서 난 자가 어찌 깨끗하다 하랴

5 보라 그의 눈에는 달이라도 빛을 발하지 못하고 별도 빛나지 못하거든

6 하물며 구더기 같은 사람, 벌레 같은 인생이랴

욥기 26장

욥의 대답

1 욥이 대답하여 이르되

2 네가 힘없는 자를 참 잘도 도와주는구나
  기력 없는 팔을 참 잘도 구원하여주는구나

3 지혜 없는 자를 참 잘도 가르치는구나 큰 지식을 참 잘도 자랑하는구나

4 네가 누구를 향하여 말하느냐 누구의 정신이 네게서 나왔느냐

5 죽은 자의 영들이 물 밑에서 떨며 물에서 사는 것들도 그러하도다

6 하나님 앞에서는 스올도 벗은 몸으로 드러나며 멸망도 가림이 없음이라

7 그는 북쪽을 허공에 펴시며 땅을 아무것도 없는 곳에 매다시며

8 물을 빽빽한 구름에 싸시나 그 밑의 구름이 찢어지지 아니하느니라

9 그는 보름달을 가리시고 자기의 구름을 그 위에 펴시며

10 수면에 경계를 그으시니 빛과 어둠이 함께 끝나는 곳이니라

11 그가 꾸짖으신즉 하늘 기둥이 흔들리며 놀라느니라

12 그는 능력으로 바다를 잔잔하게 하시며 지혜로 라합을 깨뜨리시며

13 그의 입김으로 하늘을 맑게 하시고 손으로 날렵한 뱀을 무찌르시나니

14 보라 이런 것들은 그의 행사의 단편일 뿐이요 우리가 그에게서 들은 것도
    속삭이는 소리일 뿐이니 그의 큰 능력의 우렛소리를 누가 능히 헤아리랴

욥기 27장

세 친구에 대한 욥의 말

1 욥이 또 풍자하여 이르되

2 나의 정당함을 물리치신 하나님, 나의 영혼을 괴롭게 하신
   전능자의 사심을 두고 맹세하노니

3 (나의 호흡이 아직 내 속에 완전히 있고 하나님의 숨결이 아직도 내 코에 있느니라)

4 결코 내 입술이 불의를 말하지 아니하며 내 혀가 거짓을 말하지 아니하리라

5 나는 결코 너희를 옳다 하지 아니하겠고 내가 죽기 전에는
   나의 온전함을 버리지 아니할 것이라

6 내가 내 공의를 굳게 잡고 놓지 아니하리니
   내 마음이 나의 생애를 비웃지 아니하리라

7 나의 원수는 악인같이 되고 일어나 나를 치는 자는
  불의한 자같이 되기를 원하노라

8 불경건한 자가 이익을 얻었으나 하나님이 그의 영혼을 거두실 때에는
  무슨 희망이 있으랴

9 환난이 그에게 닥칠 때에 하나님이 어찌 그의 부르짖음을 들으시랴

10 그가 어찌 전능자를 기뻐하겠느냐 항상 하나님께 부르짖겠느냐

11 하나님의 솜씨를 내가 너희에게 가르칠 것이요
  전능자에게 있는 것을 내가 숨기지 아니하리라

12 너희가 다 이것을 보았거늘 어찌하여 그토록 무익한 사람이 되었는고

13 악인이 하나님께 얻을 분깃, 포악자가 전능자에게서 받을 산업은 이것이라

14 그의 자손은 번성하여도 칼을 위함이요
  그의 후손은 음식물로 배부르지 못할 것이며

15 그 남은 자들은 죽음의 병이 돌 때에 묻히리니
  그들의 과부들이 울지 못할 것이며

16 그가 비록 은을 티끌같이 쌓고 의복을 진흙같이 준비할지라도

17 그가 준비한 것을 의인이 입을 것이요 그의 은은 죄 없는 자가 차지할 것이며

18 그가 지은 집은 좀의 집 같고 파수꾼의 초막 같을 것이며

19 부자로 누우려니와 다시는 그렇지 못할 것이요 눈을 뜬즉 아무것도 없으리라

20 두려움이 물같이 그에게 닥칠 것이요 폭풍이 밤에 그를 앗아갈 것이며

21 동풍이 그를 들어올리리니 그는 사라질 것이며
  그의 처소에서 그를 몰아내리라

22 하나님은 그를 아끼지 아니하시고 던져버릴 것이니
   그의 손에서 도망치려고 힘쓰리라
23 사람들은 그를 바라보며 손뼉 치고 그의 처소에서 그를 비웃으리라

욥기 28장

지혜와 명철

1 은이 나는 곳이 있고 금을 제련하는 곳이 있으며
2 철은 흙에서 캐내고 동은 돌에서 녹여 얻느니라
3 사람은 어둠을 뚫고 모든 것을 끝까지 탐지하여
  어둠과 죽음의 그늘에 있는 광석도 탐지하되
4 그는 사람이 사는 곳에서 멀리 떠나 갱도를 깊이 뚫고
  발길이 닿지 않는 곳 사람이 없는 곳에 매달려 흔들리느니라
5 음식은 땅으로부터 나오나 그 밑은 불처럼 변하였도다
6 그 돌에는 청옥이 있고 사금도 있으며
7 그 길은 솔개도 알지 못하고 매의 눈도 보지 못하며
8 용맹스러운 짐승도 밟지 못하였고
  사나운 사자도 그리로 지나가지 못하였느니라
9 사람이 굳은 바위에 손을 대고 산을 뿌리까지 뒤엎으며
10 반석에 수로를 터서 각종 보물을 눈으로 발견하고

<u>11</u> 누수를 막아 스며 나가지 않게 하고
    감추어져 있던 것을 밝은 데로 끌어내느니라

<u>12</u> 그러나 지혜는 어디서 얻으며 명철이 있는 곳은 어디인고

<u>13</u> 그 길을 사람이 알지 못하나니 사람 사는 땅에서는 찾을 수 없구나

<u>14</u> 깊은 물이 이르기를 내 속에 있지 아니하다 하며
    바다가 이르기를 나와 함께 있지 아니하다 하느니라

<u>15</u> 순금으로도 바꿀 수 없고 은을 달아도 그 값을 당하지 못하리니

<u>16</u> 오빌의 금이나 귀한 청옥수나 남보석으로도 그 값을 당하지 못하겠고

<u>17</u> 황금이나 수정이라도 비교할 수 없고 정금 장식품으로도 바꿀 수 없으며

<u>18</u> 진주와 벽옥으로도 비길 수 없나니 지혜의 값은 산호보다 귀하구나

<u>19</u> 구스의 황옥으로도 비교할 수 없고 순금으로도 그 값을 헤아리지 못하리라

<u>20</u> 그런즉 지혜는 어디서 오며 명철이 머무는 곳은 어디인고

<u>21</u> 모든 생물의 눈에 숨겨졌고 공중의 새에게 가려졌으며

<u>22</u> 멸망과 사망도 이르기를 우리가 귀로 그 소문은 들었다 하느니라

<u>23</u> 하나님이 그 길을 아시며 있는 곳을 아시나니

<u>24</u> 이는 그가 땅끝까지 감찰하시며 온 천하를 살피시며

<u>25</u> 바람의 무게를 정하시며 물의 분량을 정하시며

<u>26</u> 비 내리는 법칙을 정하시고 비구름의 길과 우레의 법칙을 만드셨음이라

<u>27</u> 그때에 그가 보시고 선포하시며 굳게 세우시며 탐구하셨고

<u>28</u> 또 사람에게 말씀하셨도다
    보라 주를 경외함이 지혜요 악을 떠남이 명철이니라

진정한 지혜는
하나님에게서만 나옵니다.

그분은 이 세상을 지으시고
창조 질서를 세우셨습니다.
지금도 온 천하를 통치하고 계십니다.

"또 사람에게 말씀하셨도다
보라 주를 경외함이 지혜요
악을 떠남이 명철이니라"(욥 28:28).

진정한 지혜는
끝까지 하나님을 믿고 경외하며
악을 멀리하는 것입니다.

"어떤 어려운 상황에도 인간의 지혜보다
하나님의 깊고도 넓은 지혜를
구하게 하소서!"

나의 묵상 ─────────────────────

이는 그가 땅끝까지 감찰하시며
온 천하를 살피시며

욥기 29장

욥의 마지막 말

1 욥이 풍자하여 이르되

2 나는 지난 세월과 하나님이 나를 보호하시던 때가 다시 오기를 원하노라

3 그때에는 그의 등불이 내 머리에 비치었고
   내가 그의 빛을 힘입어 암흑에서도 걸어다녔느니라

4 내가 원기 왕성하던 날과 같이 지내기를 원하노라
   그때에는 하나님이 내 장막에 기름을 발라주셨도다

5 그때에는 전능자가 아직도 나와 함께 계셨으며
   나의 젊은이들이 나를 둘러있었으며

6 젖으로 내 발자취를 씻으며 바위가 나를 위하여 기름 시내를 쏟아냈으며

7 그때에는 내가 나가서 성문에 이르기도 하며
   내 자리를 거리에 마련하기도 하였느니라

8 나를 보고 젊은이들은 숨으며 노인들은 일어나서 서며

9 유지들은 말을 삼가고 손으로 입을 가리며

10 지도자들은 말소리를 낮추었으니 그들의 혀가 입천장에 붙었느니라

11 귀가 들은즉 나를 축복하고 눈이 본즉 나를 증언하였나니

12 이는 부르짖는 빈민과 도와줄 자 없는 고아를 내가 건졌음이라

13 망하게 된 자도 나를 위하여 복을 빌었으며
   과부의 마음이 나로 말미암아 기뻐 노래하였느니라

14 내가 의를 옷으로 삼아 입었으며 나의 정의는 겉옷과 모자 같았느니라

15 나는 맹인의 눈도 되고 다리 저는 사람의 발도 되고

16 빈궁한 자의 아버지도 되며 내가 모르는 사람의 송사를 돌보아 주었으며

17 불의한 자의 턱뼈를 부수고 노획한 물건을 그 잇새에서 빼내었느니라

18 내가 스스로 말하기를 나는 내 보금자리에서 숨을 거두며
   나의 날은 모래알같이 많으리라 하였느니라

19 내 뿌리는 물로 뻗어나가고 이슬이 내 가지에서 밤을 지내고 갈 것이며

20 내 영광은 내게 새로워지고 내 손에서 내 화살이 끊이지 않았노라

21 무리는 내 말을 듣고 희망을 걸었으며 내가 가르칠 때에 잠잠하였노라

22 내가 말한 후에는 그들이 말을 거듭하지 못하였나니
   나의 말이 그들에게 스며들었음이라

23 그들은 비를 기다리듯 나를 기다렸으며 봄비를 맞이하듯 입을 벌렸느니라

24 그들이 의지 없을 때에 내가 미소하면
   그들이 나의 얼굴빛을 무색하게 아니하였느니라

25 내가 그들의 길을 택하여 주고 으뜸되는 자리에 앉았나니 왕이 군대 중에
   있는 것과도 같았고 애곡하는 자를 위로하는 사람과도 같았느니라

욥기 30장

1 그러나 이제는 나보다 젊은 자들이 나를 비웃는구나 그들의 아비들은
  내가 보기에 내 양 떼를 지키는 개 중에도 둘만 하지 못한 자들이니라

2 그들의 기력이 쇠잔하였으니 그들의 손의 힘이 내게 무슨 소용이 있으랴

3 그들은 곧 궁핍과 기근으로 인하여 파리하며 캄캄하고
메마른 땅에서 마른 흙을 씹으며

4 떨기나무 가운데에서 짠 나물을 꺾으며 대싸리 뿌리로 먹을거리를 삼느니라

5 무리가 그들에게 소리를 지름으로 도둑같이 사람들 가운데에서 쫓겨나서

6 침침한 골짜기와 흙구덩이와 바위 굴에서 살며

7 떨기나무 가운데에서 부르짖으며 가시나무 아래에 모여있느니라

8 그들은 본래 미련한 자의 자식이요 이름 없는 자들의 자식으로서
고토에서 쫓겨난 자들이니라

9 이제는 그들이 나를 노래로 조롱하며 내가 그들의 놀림거리가 되었으며

10 그들이 나를 미워하여 멀리하고 서슴지 않고 내 얼굴에 침을 뱉는도다

11 이는 하나님이 내 활시위를 늘어지게 하시고 나를 곤고하게 하심으로
무리가 내 앞에서 굴레를 벗었음이니라

12 그들이 내 오른쪽에서 일어나 내 발에 덫을 놓으며
나를 대적하여 길을 에워싸며

13 그들이 내 길을 헐고 내 재앙을 재촉하는데도 도울 자가 없구나

14 그들은 성을 파괴하고 그 파괴한 가운데로 몰려드는 것같이 내게로 달려드니

15 순식간에 공포가 나를 에워싸고 그들이 내 품위를 바람같이 날려버리니
나의 구원은 구름같이 지나가 버렸구나

16 이제는 내 생명이 내 속에서 녹으니 환난 날이 나를 사로잡음이라

17 밤이 되면 내 뼈가 쑤시니 나의 아픔이 쉬지 아니하는구나

18 그가 큰 능력으로 나의 옷을 떨쳐버리시며
   나의 옷깃처럼 나를 휘어잡으시는구나

19 하나님이 나를 진흙 가운데 던지셨고 나를 티끌과 재 같게 하셨구나

20 내가 주께 부르짖으나 주께서 대답하지 아니하시오며
   내가 섰사오나 주께서 나를 돌아보지 아니하시나이다

21 주께서 돌이켜 내게 잔혹하게 하시고 힘 있는 손으로 나를 대적하시나이다

22 나를 바람 위에 들어 불려가게 하시며 무서운 힘으로 나를 던져 버리시나이다

23 내가 아나이다 주께서 나를 죽게 하사 모든 생물을 위하여
   정한 집으로 돌려보내시리이다

24 그러나 사람이 넘어질 때에 어찌 손을 펴지 아니하며
   재앙을 당할 때에 어찌 도움을 부르짖지 아니하리이까

25 고생의 날을 보내는 자를 위하여 내가 울지 아니하였는가
   빈궁한 자를 위하여 내 마음에 근심하지 아니하였는가

26 내가 복을 바랐더니 화가 왔고 광명을 기다렸더니 흑암이 왔구나

27 내 마음이 들끓어 고요함이 없구나 환난 날이 내게 임하였구나

28 나는 햇볕에 쬐지 않고도 검어진 피부를 가지고 걸으며
   회중 가운데 서서 도움을 부르짖고 있느니라

29 나는 이리의 형제요 타조의 벗이로구나

30 나를 덮고 있는 피부는 검어졌고 내 뼈는 열기로 말미암아 탔구나

31 내 수금은 통곡이 되었고 내 피리는 애곡이 되었구나

욥기 31장

1   내가 내 눈과 약속하였나니 어찌 처녀에게 주목하랴

2   그리하면 위에 계신 하나님께서 내리시는 분깃이 무엇이겠으며
      높은 곳의 전능자께서 주시는 기업이 무엇이겠느냐

3   불의한 자에게는 환난이 아니겠느냐 행악자에게는 불행이 아니겠느냐

4   그가 내 길을 살피지 아니하시느냐 내 걸음을 다 세지 아니하시느냐

5   만일 내가 허위와 함께 동행하고 내 발이 속임수에 빨랐다면

6   하나님께서 나를 공평한 저울에 달아보시고
      그가 나의 온전함을 아시기를 바라노라

7   만일 내 걸음이 길에서 떠났거나 내 마음이 내 눈을 따랐거나
      내 손에 더러운 것이 묻었다면

8   내가 심은 것을 타인이 먹으며 나의 소출이 뿌리째 뽑히기를 바라노라

9   만일 내 마음이 여인에게 유혹되어
      이웃의 문을 엿보아 문에서 숨어 기다렸다면

10   내 아내가 타인의 맷돌을 돌리며 타인과 더불어 동침하기를 바라노라

11   그것은 참으로 음란한 일이니 재판에 회부할 죄악이요

12   멸망하도록 사르는 불이니 나의 모든 소출을 뿌리째 뽑기를 바라노라

13   만일 남종이나 여종이 나와 더불어 쟁론할 때에 내가 그의 권리를 저버렸다면

14   하나님이 일어나실 때에 내가 어떻게 하겠느냐
      하나님이 심판하실 때에 내가 무엇이라 대답하겠느냐

15   나를 태 속에 만드신 이가 그도 만들지 아니하셨느냐
      우리를 배 속에 지으신 이가 한 분이 아니시냐

16 내가 언제 가난한 자의 소원을 막았거나
   과부의 눈으로 하여금 실망하게 하였던가

17 나만 혼자 내 떡 덩이를 먹고 고아에게 그 조각을 먹이지 아니하였던가

18 실상은 내가 젊었을 때부터 고아 기르기를 그의 아비처럼 하였으며
   내가 어렸을 때부터 과부를 인도하였노라

19 만일 내가 사람이 의복이 없이 죽어가는 것이나
   가난한 자가 덮을 것이 없는 것을 못 본 체했다면

20 만일 나의 양털로 그의 몸을 따뜻하게 입혀서
   그의 허리가 나를 위하여 복을 빌게 하지 아니하였다면

21 만일 나를 도와주는 자가 성문에 있음을 보고
   내가 주먹을 들어 고아를 향해 휘둘렀다면

22 내 팔이 어깨뼈에서 떨어지고 내 팔뼈가 그 자리에서 부스러지기를 바라노라

23 나는 하나님의 재앙을 심히 두려워하고 그의 위엄으로 말미암아
   그런 일을 할 수 없느니라

24 만일 내가 내 소망을 금에다 두고 순금에게 너는 내 의뢰하는 바라 하였다면

25 만일 재물의 풍부함과 손으로 얻은 것이 많음으로 기뻐하였다면

26 만일 해가 빛남과 달이 밝게 뜬 것을 보고

27 내 마음이 슬며시 유혹되어 내 손에 입맞추었다면

28 그것도 재판에 회부할 죄악이니 내가 그리하였으면
   위에 계신 하나님을 속이는 것이리라

29 내가 언제 나를 미워하는 자의 멸망을 기뻐하고
   그가 재난을 당함으로 즐거워하였던가

30 실상은 나는 그가 죽기를 구하는 말로 그의 생명을 저주하여
   내 입이 범죄하게 하지 아니하였노라

31 내 장막 사람들은 주인의 고기에 배부르지 않은 자가 어디 있느뇨
   하지 아니하였는가

32 실상은 나그네가 거리에서 자지 아니하도록
   나는 행인에게 내 문을 열어주었노라

33 내가 언제 다른 사람처럼 내 악행을 숨긴 일이 있거나
   나의 죄악을 나의 품에 감추었으며

34 내가 언제 큰 무리와 여러 종족의 수모가 두려워서
   대문 밖으로 나가지 못하고 잠잠하였던가

35 누구든지 나의 변명을 들어다오 나의 서명이 여기 있으니
   전능자가 내게 대답하시기를 바라노라
   나를 고발하는 자가 있다면 그에게 고소장을 쓰게 하라

36 내가 그것을 어깨에 메기도 하고 왕관처럼 머리에 쓰기도 하리라

37 내 걸음의 수효를 그에게 알리고 왕족처럼 그를 가까이하였으리라

38 만일 내 밭이 나를 향하여 부르짖고 밭이랑이 함께 울었다면

39 만일 내가 값을 내지 않고 그 소출을 먹고 그 소유주가 생명을 잃게 하였다면

40 밀 대신에 가시나무가 나고 보리 대신에 독보리가 나는 것이 마땅하니라
   하고 욥의 말이 그치니라

하나님은 공의로운 심판관이시며
죄인도 사랑하는 아버지이십니다.

죄를 반드시 심판하시는
거룩한 성품을 가지고 계시며
동시에 우리를 향한 다함없는 사랑을
십자가로 확증해주셨습니다.

"그는 사람의 길을 주목하시며
사람의 모든 걸음을 감찰하시나니"(욥 34:21).

그분은 내 걸음뿐 아니라
악한 자의 걸음까지 다 지켜보십니다.
이 사실에 안심이 되나요, 두려운가요?

오늘 하루도 내 삶을 감찰하시는
하나님 앞에서(coram deo) 살아가십시오.

나의 묵상

그가 내 길을 살피지 아니하시느냐
내 걸음을 다 세지 아니하시느냐

하나님은 능하시나 아무도 멸시하지 아니하시며

그의 지혜가 무궁하사 악인을 살려두지 아니하시며

고난받는 자에게 공의를 베푸시며

욥 36:5,6

욥기 32장

엘리후가 화를 내다 32:1-37:24

1 욥이 자신을 의인으로 여기므로 그 세 사람이 말을 그치니

2 람 종족 부스 사람 바라겔의 아들 엘리후가 화를 내니
그가 욥에게 화를 냄은 욥이 하나님보다 자기가 의롭다 함이요

3 또 세 친구에게 화를 냄은 그들이 능히 대답하지 못하면서도 욥을 정죄함이라

4 엘리후는 그들의 나이가 자기보다 여러 해 위이므로
욥에게 말하기를 참고 있다가

5 세 사람의 입에 대답이 없음을 보고 화를 내니라

엘리후의 말

6 부스 사람 바라겔의 아들 엘리후가 대답하여 이르되 나는 연소하고
당신들은 연로하므로 뒷전에서 나의 의견을 감히 내놓지 못하였노라

7 내가 말하기를 나이가 많은 자가 말할 것이요
연륜이 많은 자가 지혜를 가르칠 것이라 하였노라

8 그러나 사람의 속에는 영이 있고
전능자의 숨결이 사람에게 깨달음을 주시나니

9 어른이라고 지혜롭거나 노인이라고 정의를 깨닫는 것이 아니니라

10 그러므로 내가 말하노니 내 말을 들으라 나도 내 의견을 말하리라

11 보라 나는 당신들의 말을 기다렸노라
당신들의 슬기와 당신들의 말에 귀 기울이고 있었노라

12 내가 자세히 들은즉 당신들 가운데 욥을 꺾어 그의 말에 대답하는 자가 없도다

13 당신들이 말하기를 우리가 진상을 파악했으나
그를 추궁할 자는 하나님이시요 사람이 아니라 하지 말지니라

14 그가 내게 자기 이론을 제기하지 아니하였으니
나도 당신들의 이론으로 그에게 대답하지 아니하리라

15 그들이 놀라서 다시 대답하지 못하니 할 말이 없음이었더라

16 당신들이 말없이 가만히 서서 다시 대답하지 아니한즉 내가 어찌 더 기다리랴

17 나는 내 본분대로 대답하고 나도 내 의견을 보이리라

18 내 속에는 말이 가득하니 내 영이 나를 압박함이니라

19 보라 내 배는 봉한 포도주 통 같고 터지게 된 새 가죽 부대 같구나

20 내가 말을 하여야 시원할 것이라 내 입을 열어 대답하리라

21 나는 결코 사람의 낯을 보지 아니하며 사람에게 영광을 돌리지 아니하리니

22 이는 아첨할 줄을 알지 못함이라 만일 그리하면 나를 지으신 이가
속히 나를 데려가시리로다

욥기 33장

엘리후가 욥에게 하는 말

1 그런즉 욥이여 내 말을 들으며 내 모든 말에 귀를 기울이기를 원하노라

2 내가 입을 여니 내 혀가 입에서 말하는구나

3 내 마음의 정직함이 곧 내 말이며 내 입술이 아는 바가 진실을 말하느니라

4 하나님의 영이 나를 지으셨고 전능자의 기운이 나를 살리시느니라

5 그대가 할 수 있거든 일어서서 내게 대답하고 내 앞에 진술하라

6 나와 그대가 하나님 앞에서 동일하니 나도 흙으로 지으심을 입었은즉

7 내 위엄으로는 그대를 두렵게 하지 못하고
내 손으로는 그대를 누르지 못하느니라

8 그대는 실로 내가 듣는 데서 말하였고 나는 그대의 말소리를 들었느니라

9 이르기를 나는 깨끗하여 악인이 아니며 순전하고 불의도 없거늘

10 참으로 하나님이 나에게서 잘못을 찾으시며 나를 자기의 원수로 여기사

11 내 발을 차꼬에 채우시고 나의 모든 길을 감시하신다 하였느니라

12 내가 그대에게 대답하리라 이 말에 그대가 의롭지 못하니
하나님은 사람보다 크심이니라

13 하나님께서 사람의 말에 대답하지 않으신다 하여 어찌 하나님과 논쟁하겠느냐

14 하나님은 한 번 말씀하시고 다시 말씀하시되 사람은 관심이 없도다

15 사람이 침상에서 졸며 깊이 잠들 때에나 꿈에나 밤에 환상을 볼 때에

16 그가 사람의 귀를 여시고 경고로써 두렵게 하시니

17 이는 사람에게 그의 행실을 버리게 하려 하심이며
사람의 교만을 막으려 하심이라

18 그는 사람의 혼을 구덩이에 빠지지 않게 하시며
그 생명을 칼에 맞아 멸망하지 않게 하시느니라

19 혹은 사람이 병상의 고통과 뼈가 늘 쑤심의 징계를 받나니

20 그의 생명은 음식을 싫어하고 그의 마음은 별미를 싫어하며

21 그의 살은 파리하여 보이지 아니하고 보이지 않던 뼈가 드러나서

22 그의 마음은 구덩이에, 그의 생명은 멸하는 자에게 가까워지느니라

23 만일 일천 천사 가운데 하나가 그 사람의 중보자로 함께 있어서
그의 정당함을 보일진대

24 하나님이 그 사람을 불쌍히 여기사 그를 건져서
구덩이에 내려가지 않게 하라 내가 대속물을 얻었다 하시리라

25 그런즉 그의 살이 청년보다 부드러워지며 젊음을 회복하리라

26 그는 하나님께 기도하므로 하나님이 은혜를 베푸사
그로 말미암아 기뻐 외치며 하나님의 얼굴을 보게 하시고
사람에게 그의 공의를 회복시키시느니라

27 그가 사람 앞에서 노래하여 이르기를
내가 범죄하여 옳은 것을 그르쳤으나 내게 무익하였구나

28 하나님이 내 영혼을 건지사 구덩이에 내려가지 않게 하셨으니
내 생명이 빛을 보겠구나 하리라

29 실로 하나님이 사람에게 이 모든 일을 재삼 행하심은

30 그들의 영혼을 구덩이에서 이끌어 생명의 빛을 그들에게 비추려 하심이니라

31 욥이여 내 말을 귀담아들으라 잠잠하라 내가 말하리라

32 만일 할 말이 있거든 대답하라 내가 기쁜 마음으로 그대를 의롭다 하리니
그대는 말하라

33 만일 없으면 내 말을 들으라 잠잠하라 내가 지혜로 그대를 가르치리라

욥기 34장

1 엘리후가 말하여 이르되

2 지혜 있는 자들아 내 말을 들으며 지식 있는 자들아 내게 귀를 기울이라

3 입이 음식물의 맛을 분별함같이 귀가 말을 분별하나니

4 우리가 정의를 가려내고 무엇이 선한가 우리끼리 알아보자

5 욥이 말하기를 내가 의로우나 하나님이 내 의를 부인하셨고

6 내가 정당함에도 거짓말쟁이라 하였고 나는 허물이 없으나
   화살로 상처를 입었노라 하니

7 어떤 사람이 욥과 같으랴 욥이 비방하기를 물 마시듯 하며

8 악한 일을 하는 자들과 한패가 되어 악인과 함께 다니면서

9 이르기를 사람이 하나님을 기뻐하나 무익하다 하는구나

10 그러므로 너희 총명한 자들아 내 말을 들으라
   하나님은 악을 행하지 아니하시며
   전능자는 결코 불의를 행하지 아니하시고

11 사람의 행위를 따라 갚으사 각각 그의 행위대로 받게 하시나니

12 진실로 하나님은 악을 행하지 아니하시며
   전능자는 공의를 굽히지 아니하시느니라

13 누가 땅을 그에게 맡겼느냐 누가 온 세상을 그에게 맡겼느냐

14 그가 만일 뜻을 정하시고 그의 영과 목숨을 거두실진대

15 모든 육체가 다 함께 죽으며 사람은 흙으로 돌아가리라

16 만일 네가 총명이 있거든 이것을 들으며 내 말소리에 귀를 기울이라

17 정의를 미워하시는 이시라면 어찌 그대를 다스리시겠느냐
의롭고 전능하신 이를 그대가 정죄하겠느냐

18 그는 왕에게라도 무용지물이라 하시며 지도자들에게라도 악하다 하시며

19 고관을 외모로 대하지 아니하시며 가난한 자들 앞에서 부자의 낯을
세워주지 아니하시나니 이는 그들이 다 그의 손으로 지으신 바가 됨이라

20 그들은 한밤중에 순식간에 죽나니 백성은 떨며 사라지고
세력 있는 자도 사람의 손을 빌리지 않고 제거함을 당하느니라

21 그는 사람의 길을 주목하시며 사람의 모든 걸음을 감찰하시나니

22 행악자는 숨을 만한 흑암이나 사망의 그늘이 없느니라

23 하나님은 사람을 심판하시기에 오래 생각하실 것이 없으시니

24 세력 있는 자를 조사할 것 없이 꺾으시고
다른 사람을 세워 그를 대신하게 하시느니라

25 그러므로 그는 그들의 행위를 아시고
그들을 밤사이에 뒤집어엎어 흩으시는도다

26 그들을 악한 자로 여겨 사람의 눈앞에서 치심은

27 그들이 그를 떠나고 그의 모든 길을 깨달아 알지 못함이라

28 그들이 이와 같이 하여 가난한 자의 부르짖음이 그에게 상달하게 하며
빈궁한 사람의 부르짖음이 그에게 들리게 하느니라

29 주께서 침묵하신다고 누가 그를 정죄하며
   그가 얼굴을 가리신다면 누가 그를 뵈올 수 있으랴
   그는 민족에게나 인류에게나 동일하시니

30 이는 경건하지 못한 자가 권세를 잡아
   백성을 옭아매지 못하게 하려 하심이니라

31 그대가 하나님께 아뢰기를 내가 죄를 지었사오니
   다시는 범죄하지 아니하겠나이다

32 내가 깨닫지 못하는 것을 내게 가르치소서
   내가 악을 행하였으나 다시는 아니하겠나이다 하였는가

33 하나님께서 그대가 거절한다고 하여 그대의 뜻대로 속전을 치르시겠느냐
   그러면 그대가 스스로 택할 것이요 내가 할 것이 아니니
   그대는 아는 대로 말하라

34 슬기로운 자와 내 말을 듣는 지혜 있는 사람은 반드시 내게 말하기를

35 욥이 무식하게 말하니 그의 말이 지혜롭지 못하도다 하리라

36 나는 욥이 끝까지 시험받기를 원하노니 이는 그 대답이 악인과 같음이라

37 그가 그의 죄에 반역을 더하며 우리와 어울려 손뼉을 치며
   하나님을 거역하는 말을 많이 하는구나

하나님은 우리의 허물과 교만함을
여러 방법으로 깨닫게 하시고,
아픈 징계를 통해서라도
우리가 죄에서 돌이키기를 원하십니다.

하나님을 사랑한 성경 인물들은 모두
고난의 터널을 지나 성장했습니다.
그들은 이렇게 기도했지요.

"하나님, 이 시련과 고통을
십자가 앞에 내려놓습니다.

고난을 통해 주님 음성에
잠잠히 귀 기울이길 원합니다.
죄와 허물이 있다면
즉시 회개하고 돌이키게 하소서.

어떤 환란이 찾아와도
왕이신 하나님의 주권을 인정하며
끝까지 순전한 믿음을 지키게 하소서!"

나의 묵상 ────────────────────────

그가 사람의 귀를 여시고 경고로써 두렵게 하시니
이는 사람에게 그의 행실을 버리게 하려 하심이며
사람의 교만을 막으려 하심이라

욥기 35장

1 엘리후가 말을 이어 이르되

2 그대는 이것을 합당하게 여기느냐
그대는 그대의 의가 하나님께로부터 왔다는 말이냐

3 그대는 그것이 내게 무슨 소용이 있으며 범죄하지 않는 것이
내게 무슨 유익이 있겠느냐고 묻지마는

4 내가 그대와 및 그대와 함께 있는 그대의 친구들에게 대답하리라

5 그대는 하늘을 우러러보라 그대보다 높이 뜬 구름을 바라보라

6 그대가 범죄한들 하나님께 무슨 영향이 있겠으며
그대의 악행이 가득한들 하나님께 무슨 상관이 있겠으며

7 그대가 의로운들 하나님께 무엇을 드리겠으며
그가 그대의 손에서 무엇을 받으시겠느냐

8 그대의 악은 그대와 같은 사람에게나 있는 것이요
그대의 공의는 어떤 인생에게도 있느니라

9 사람은 학대가 많으므로 부르짖으며 군주들의 힘에 눌려 소리치나

10 나를 지으신 하나님은 어디 계시냐고 하며
밤에 노래를 주시는 자가 어디 계시냐고 말하는 자가 없구나

11 땅의 짐승들보다도 우리를 더욱 가르치시고
하늘의 새들보다도 우리를 더욱 지혜롭게 하시는 이가
어디 계시냐고 말하는 이도 없구나

¹² 그들이 악인의 교만으로 말미암아 거기에서 부르짖으나
대답하는 자가 없음은

¹³ 헛된 것은 하나님이 결코 듣지 아니하시며
전능자가 돌아보지 아니하심이라

¹⁴ 하물며 말하기를 하나님은 뵈올 수 없고 일의 판단하심은 그 앞에 있으니
나는 그를 기다릴 뿐이라 말하는 그대일까보냐

¹⁵ 그러나 지금은 그가 진노하심으로 벌을 주지 아니하셨고
악행을 끝까지 살피지 아니하셨으므로

¹⁶ 욥이 헛되이 입을 열어 지식 없는 말을 많이 하는구나

욥기 36장

¹ 엘리후가 말을 이어 이르되

² 나를 잠깐 용납하라 내가 그대에게 보이리니
이는 내가 하나님을 위하여 아직도 할 말이 있음이라

³ 내가 먼 데서 지식을 얻고 나를 지으신 이에게 의를 돌려보내리라

⁴ 진실로 내 말은 거짓이 아니라
온전한 지식을 가진 이가 그대와 함께 있느니라

⁵ 하나님은 능하시나 아무도 멸시하지 아니하시며 그의 지혜가 무궁하사

⁶ 악인을 살려두지 아니하시며 고난받는 자에게 공의를 베푸시며

7 그의 눈을 의인에게서 떼지 아니하시고
그를 왕들과 함께 왕좌에 앉히사 영원토록 존귀하게 하시며

8 혹시 그들이 족쇄에 매이거나 환난의 줄에 얽혔으면

9 그들의 소행과 악행과 자신들의 교만한 행위를 알게 하시고

10 그들의 귀를 열어 교훈을 듣게 하시며 명하여 죄악에서 돌이키게 하시나니

11 만일 그들이 순종하여 섬기면 형통한 날을 보내며 즐거운 해를 지낼 것이요

12 만일 그들이 순종하지 아니하면 칼에 망하며 지식 없이 죽을 것이니라

13 마음이 경건하지 아니한 자들은 분노를 쌓으며
하나님이 속박할지라도 도움을 구하지 아니하나니

14 그들의 몸은 젊어서 죽으며 그들의 생명은 남창과 함께 있도다

15 하나님은 곤고한 자를 그 곤고에서 구원하시며
학대당할 즈음에 그의 귀를 여시나니

16 그러므로 하나님이 그대를 환난에서 이끌어 내사
좁지 않고 넉넉한 곳으로 옮기려 하셨은즉
무릇 그대의 상에는 기름진 것이 놓이리라

17 이제는 악인이 받을 벌이 그대에게 가득하였고
심판과 정의가 그대를 잡았나니

18 그대는 분노하지 않도록 조심하며
많은 뇌물이 그대를 그릇된 길로 가게 할까 조심하라

<u>19</u> 그대의 부르짖음이나 그대의 능력이 어찌 능히 그대가 곤고한 가운데에서
그대를 유익하게 하겠느냐

<u>20</u> 그대는 밤을 사모하지 말라 인생들이 밤에 그들이 있는 곳에서 끌려가리라

<u>21</u> 삼가 악으로 치우치지 말라 그대가 환난보다 이것을 택하였느니라

<u>22</u> 하나님은 그의 권능으로 높이 계시나니 누가 그같이 교훈을 베풀겠느냐

<u>23</u> 누가 그를 위하여 그의 길을 정하였느냐
누가 말하기를 주께서 불의를 행하셨나이다 할 수 있으랴

<u>24</u> 그대는 하나님께서 하신 일을 기억하고 높이라
잊지 말지니라 인생이 그의 일을 찬송하였느니라

<u>25</u> 그의 일을 모든 사람이 우러러보나니 먼 데서도 보느니라

<u>26</u> 하나님은 높으시니 우리가 그를 알 수 없고 그의 햇수를 헤아릴 수 없느니라

<u>27</u> 그가 물방울을 가늘게 하시며 빗방울이 증발하여 안개가 되게 하시도다

<u>28</u> 그것이 구름에서 내려 많은 사람에게 쏟아지느니라

<u>29</u> 겹겹이 쌓인 구름과 그의 장막의 우렛소리를 누가 능히 깨달으랴

<u>30</u> 보라 그가 번갯불을 자기의 사면에 펼치시며 바다 밑까지 비치시고

<u>31</u> 이런 것들로 만민을 심판하시며 음식을 풍성하게 주시느니라

<u>32</u> 그가 번갯불을 손바닥 안에 넣으시고
그가 번갯불을 명령하사 과녁을 치시도다

<u>33</u> 그의 우레가 다가오는 풍우를 알려주니 가축들도 그 다가옴을 아느니라

욥기 37장

1 이로 말미암아 내 마음이 떨며 그 자리에서 흔들렸도다

2 하나님의 음성 곧 그의 입에서 나오는 소리를 똑똑히 들으라

3 그 소리를 천하에 펼치시며 번갯불을 땅 끝까지 이르게 하시고

4 그 후에 음성을 발하시며 그의 위엄찬 소리로 천둥을 치시며
그 음성이 들릴 때에 번개를 멈추게 아니하시느니라

5 하나님은 놀라운 음성을 내시며 우리가 헤아릴 수 없는 큰일을 행하시느니라

6 눈을 명하여 땅에 내리라 하시며 적은 비와 큰비도 내리게 명하시느니라

7 그가 모든 사람의 손에 표를 주시어
모든 사람이 그가 지으신 것을 알게 하려 하심이라

8 그러나 짐승들은 땅속에 들어가 그 처소에 머무느니라

9 폭풍우는 그 밀실에서 나오고 추위는 북풍을 타고 오느니라

10 하나님의 입김이 얼음을 얼게 하고 물의 너비를 줄어들게 하느니라

11 또한 그는 구름에 습기를 실으시고 그의 번개로 구름을 흩어지게 하시느니라

12 그는 감싸고 도시며 그들의 할 일을 조종하시느니라
그는 땅과 육지 표면에 있는 모든 자들에게 명령하시느니라

13 혹은 징계를 위하여 혹은 땅을 위하여 혹은 긍휼을 위하여
그가 이런 일을 생기게 하시느니라

14 욥이여 이것을 듣고 가만히 서서 하나님의 오묘한 일을 깨달으라

15 하나님이 이런 것들에게 명령하셔서
그 구름의 번개로 번쩍거리게 하시는 것을 그대가 아느냐

16 그대는 겹겹이 쌓인 구름과 완전한 지식의 경이로움을 아느냐

17 땅이 고요할 때에 남풍으로 말미암아
그대의 의복이 따뜻한 까닭을 그대가 아느냐

18 그대는 그를 도와 구름장들을 두들겨 넓게 만들어
녹여 부어 만든 거울같이 단단하게 할 수 있겠느냐

19 우리가 그에게 할 말을 그대는 우리에게 가르치라
우리는 아둔하여 아뢰지 못하겠노라

20 내가 말하고 싶은 것을 어찌 그에게 고할 수 있으랴
삼켜지기를 바랄 자가 어디 있으랴

21 그런즉 바람이 불어 하늘이 말끔하게 되었을 때
그 밝은 빛을 아무도 볼 수 없느니라

22 북쪽에서는 황금 같은 빛이 나오고 하나님께는 두려운 위엄이 있느니라

23 전능자를 우리가 찾을 수 없나니 그는 권능이 지극히 크사
정의나 무한한 공의를 굽히지 아니하심이니라

24 그러므로 사람들은 그를 경외하고
그는 스스로 지혜롭다 하는 모든 자를 무시하시느니라

욥기에는 고난에 관한
네 가지 관점이 있습니다.

사단의 관점은
"사람은 축복받을 때만 하나님을 믿는다"입니다.
잘못된 생각이지요.

욥의 세 친구의 관점은
"고난은 악인을 향한 하나님의 심판이다"입니다.
모든 고통이 심판의 결과는 아니에요.

엘리후의 관점은
"고난은 하나님의 훈련 도구이다"입니다.
상당 부분 사실이지만, 완벽한 설명은 아닙니다.

하나님의 관점은
"고통은 하나님을 바로 알고 믿도록 돕는다"입니다.
정답이지요.

이후 하나님께서 욥에게 나타나셔서
하시는 말씀에 집중해보십시오.

나의 묵상 ———————————————————

하나님은 높으시니 우리가 그를 알 수 없고
그의 햇수를 헤아릴 수 없느니라

내가 주께 대하여
귀로 듣기만 하였사오나
이제는 눈으로 주를 뵈옵나이다

욥 42:5

욥기 38장

여호와께서 욥에게 말씀하시다

1 그때에 여호와께서 폭풍우 가운데에서 욥에게 말씀하여 이르시되

2 무지한 말로 생각을 어둡게 하는 자가 누구냐

3 너는 대장부처럼 허리를 묶고 내가 네게 묻는 것을 대답할지니라

4 내가 땅의 기초를 놓을 때에 네가 어디 있었느냐
  네가 깨달아 알았거든 말할지니라

5 누가 그것의 도량법을 정하였는지,
  누가 그 줄을 그것의 위에 띄웠는지 네가 아느냐

6 그것의 주추는 무엇 위에 세웠으며 그 모퉁잇돌을 누가 놓았느냐

7 그때에 새벽별들이 기뻐 노래하며
  하나님의 아들들이 다 기뻐 소리를 질렀느니라

8 바다가 그 모태에서 터져 나올 때에 문으로 그것을 가둔 자가 누구냐

9 그때에 내가 구름으로 그 옷을 만들고 흑암으로 그 강보를 만들고

10 한계를 정하여 문빗장을 지르고

11 이르기를 네가 여기까지 오고 더 넘어가지 못하리니
   네 높은 파도가 여기서 그칠지니라 하였노라

12 네가 너의 날에 아침에게 명령하였느냐 새벽에게 그 자리를 일러주었느냐

13 그것으로 땅끝을 붙잡고 악한 자들을 그 땅에서 떨쳐버린 일이 있었느냐

14 땅이 변하여 진흙에 인친 것같이 되었고 그들은 옷같이 나타나되

15 악인에게는 그 빛이 차단되고 그들의 높이 든 팔이 꺾이느니라

16 네가 바다의 샘에 들어갔었느냐 깊은 물 밑으로 걸어 다녀보았느냐

17 사망의 문이 네게 나타났느냐 사망의 그늘진 문을 네가 보았느냐

18 땅의 너비를 네가 측량할 수 있느냐
   네가 그 모든 것들을 다 알거든 말할지니라

19 어느 것이 광명이 있는 곳으로 가는 길이냐
   어느 것이 흑암이 있는 곳으로 가는 길이냐

20 너는 그의 지경으로 그를 데려갈 수 있느냐
   그의 집으로 가는 길을 알고 있느냐

21 네가 아마도 알리라 네가 그때에 태어났으리니 너의 햇수가 많음이니라

22 네가 눈 곳간에 들어갔었느냐 우박 창고를 보았느냐

23 내가 환난 때와 교전과 전쟁의 날을 위하여 이것을 남겨두었노라

24 광명이 어느 길로 뻗치며 동풍이 어느 길로 땅에 흩어지느냐

25 누가 홍수를 위하여 물길을 터주었으며 우레와 번개 길을 내어주었느냐

26 누가 사람 없는 땅에, 사람 없는 광야에 비를 내리며

27 황무하고 황폐한 토지를 흡족하게 하여 연한 풀이 돋아나게 하였느냐

28 비에게 아비가 있느냐 이슬방울은 누가 낳았느냐

29 얼음은 누구의 태에서 났느냐 공중의 서리는 누가 낳았느냐

30 물은 돌같이 굳어지고 깊은 바다의 수면은 얼어붙느니라

₃₁ 네가 묘성을 매어 묶을 수 있으며 삼성의 띠를 풀 수 있겠느냐

₃₂ 너는 별자리들을 각각 제때에 이끌어 낼 수 있으며
북두성을 다른 별들에게로 이끌어 갈 수 있겠느냐

₃₃ 네가 하늘의 궤도를 아느냐 하늘로 하여금 그 법칙을 땅에 베풀게 하겠느냐

₃₄ 네가 목소리를 구름에까지 높여 넘치는 물이 네게 덮이게 하겠느냐

₃₅ 네가 번개를 보내어 가게 하되 번개가 네게 우리가 여기 있나이다
하게 하겠느냐

₃₆ 가슴 속의 지혜는 누가 준 것이냐 수탉에게 슬기를 준 자가 누구냐

₃₇ 누가 지혜로 구름의 수를 세겠느냐 누가 하늘의 물주머니를 기울이겠느냐

₃₈ 티끌이 덩어리를 이루며 흙덩이가 서로 붙게 하겠느냐

₃₉ 네가 사자를 위하여 먹이를 사냥하겠느냐 젊은 사자의 식욕을 채우겠느냐

₄₀ 그것들이 굴에 엎드리며 숲에 앉아 숨어 기다리느니라

₄₁ 까마귀 새끼가 하나님을 향하여 부르짖으며 먹을 것이 없어서
허우적거릴 때에 그것을 위하여 먹이를 마련하는 이가 누구냐

욥기 39장

₁ 산 염소가 새끼 치는 때를 네가 아느냐
암사슴이 새끼 낳는 것을 네가 본 적이 있느냐

₂ 그것이 몇 달 만에 만삭되는지 아느냐 그 낳을 때를 아느냐

3 그것들은 몸을 구푸리고 새끼를 낳으니 그 괴로움이 지나가고

4 그 새끼는 강하여져서 빈 들에서 크다가 나간 후에는
다시 돌아오지 아니하느니라

5 누가 들나귀를 놓아 자유롭게 하였느냐 누가 빠른 나귀의 매인 것을 풀었느냐

6 내가 들을 그것의 집으로, 소금 땅을 그것이 사는 처소로 삼았느니라

7 들나귀는 성읍에서 지껄이는 소리를 비웃나니
나귀 치는 사람이 지르는 소리는 그것에게 들리지 아니하며

8 초장 언덕으로 두루 다니며 여러 가지 푸른 풀을 찾느니라

9 들소가 어찌 기꺼이 너를 위하여 일하겠으며 네 외양간에 머물겠느냐

10 네가 능히 줄로 매어 들소가 이랑을 갈게 하겠느냐
그것이 어찌 골짜기에서 너를 따라 써레를 끌겠느냐

11 그것이 힘이 세다고 네가 그것을 의지하겠느냐
네 수고를 그것에게 맡기겠느냐

12 그것이 네 곡식을 집으로 실어 오며
네 타작마당에 곡식 모으기를 그것에게 의탁하겠느냐

13 타조는 즐거이 날개를 치나 학의 깃털과 날개 같겠느냐

14 그것이 알을 땅에 버려두어 흙에서 더워지게 하고

15 발에 깨어질 것이나 들짐승에게 밟힐 것을 생각하지 아니하고

16 그 새끼에게 모질게 대함이 제 새끼가 아닌 것처럼 하며
그 고생한 것이 헛되게 될지라도 두려워하지 아니하나니

<u>17</u> 이는 하나님이 지혜를 베풀지 아니하셨고 총명을 주지 아니함이라

<u>18</u> 그러나 그것이 몸을 떨쳐 뛰어갈 때에는 말과 그 위에 탄 자를
우습게 여기느니라

<u>19</u> 말의 힘을 네가 주었느냐 그 목에 흩날리는 갈기를 네가 입혔느냐

<u>20</u> 네가 그것으로 메뚜기처럼 뛰게 하였느냐 그 위엄스러운 콧소리가 두려우니라

<u>21</u> 그것이 골짜기에서 발굽질 하고 힘 있음을 기뻐하며
앞으로 나아가서 군사들을 맞되

<u>22</u> 두려움을 모르고 겁내지 아니하며 칼을 대할지라도 물러나지 아니하니

<u>23</u> 그의 머리 위에서는 화살통과 빛나는 창과 투창이 번쩍이며

<u>24</u> 땅을 삼킬 듯이 맹렬히 성내며 나팔 소리에 머물러 서지 아니하고

<u>25</u> 나팔 소리가 날 때마다 힝힝 울며 멀리서 싸움 냄새를 맡고
지휘관들의 호령과 외치는 소리를 듣느니라

<u>26</u> 매가 떠올라서 날개를 펼쳐 남쪽으로 향하는 것이
어찌 네 지혜로 말미암음이냐

<u>27</u> 독수리가 공중에 떠서 높은 곳에 보금자리를 만드는 것이
어찌 네 명령을 따름이냐

<u>28</u> 그것이 낭떠러지에 집을 지으며 뾰족한 바위 끝이나 험준한 데 살며

<u>29</u> 거기서 먹이를 살피나니 그 눈이 멀리 봄이며

<u>30</u> 그 새끼들도 피를 빠나니 시체가 있는 곳에는 독수리가 있느니라

하나님이 욥에게 나타나셔서
우주 질서에 대해 질문하십니다.

"내가 땅의 기초를 놓을 때 네가 어디 있었느냐?"
"우박 창고가 어디 있는지 아느냐?"
"산양이 새끼 낳는 때를 아느냐?"
"악어의 힘이 어디에 있는지 아느냐?"

욥과 우리는 그 어떤 질문에도
"예"라고 대답할 수 없습니다.

"보소서 나는 비천하오니
무엇이라 주께 대답하리이까
손으로 내 입을 가릴 뿐이로소이다"(욥 40:4).

인류 역사는 사람의 뜻대로 되는 듯 보여도
오직 하나님의 뜻대로 움직입니다.

내 작은 지식을 의지하지 말고
우주 만물의 주관자이신
하나님의 지혜를 신뢰하십시오.

나의 묵상 ──────────────────────────────────

내가 땅의 기초를 놓을 때에
네가 어디 있었느냐
네가 깨달아 알았거든 말할지니라

욥기 40장

1 여호와께서 또 욥에게 일러 말씀하시되

2 트집 잡는 자가 전능자와 다투겠느냐 하나님을 탓하는 자는 대답할지니라

3 욥이 여호와께 대답하여 이르되

4 보소서 나는 비천하오니 무엇이라 주께 대답하리이까
  손으로 내 입을 가릴 뿐이로소이다

5 내가 한 번 말하였사온즉 다시는 더 대답하지 아니하겠나이다

6 그때에 여호와께서 폭풍우 가운데에서 욥에게 일러 말씀하시되

7 너는 대장부처럼 허리를 묶고 내가 네게 묻겠으니 내게 대답할지니라

8 네가 내 공의를 부인하려느냐 네 의를 세우려고 나를 악하다 하겠느냐

9 네가 하나님처럼 능력이 있느냐 하나님처럼 천둥소리를 내겠느냐

10 너는 위엄과 존귀로 단장하며 영광과 영화를 입을지니라

11 너의 넘치는 노를 비우고 교만한 자를 발견하여 모두 낮추되

12 모든 교만한 자를 발견하여 낮아지게 하며
  악인을 그들의 처소에서 짓밟을지니라

13 그들을 함께 진토에 묻고 그들의 얼굴을 싸서 은밀한 곳에 둘지니라

14 그리하면 네 오른손이 너를 구원할 수 있다고 내가 인정하리라

15 이제 소같이 풀을 먹는 베헤못을 볼지어다
  내가 너를 지은 것같이 그것도 지었느니라

16 그것의 힘은 허리에 있고 그 뚝심은 배의 힘줄에 있고

17 그것이 꼬리 치는 것은 백향목이 흔들리는 것 같고
    그 넓적다리 힘줄은 서로 얽혀있으며

18 그 뼈는 놋관 같고 그 뼈대는 쇠막대기 같으니

19 그것은 하나님이 만드신 것 중에 으뜸이라
    그것을 지으신 이가 자기의 칼을 가져오기를 바라노라

20 모든 들짐승들이 뛰노는 산은 그것을 위하여 먹이를 내느니라

21 그것이 연잎 아래에나 갈대 그늘에서나 늪 속에 엎드리니

22 연잎 그늘이 덮으며 시내 버들이 그를 감싸는도다

23 강물이 소용돌이칠지라도 그것이 놀라지 않고
    요단강 물이 쏟아져 그 입으로 들어가도 태연하니

24 그것이 눈을 뜨고 있을 때 누가 능히 잡을 수 있겠으며
    갈고리로 그것의 코를 꿸 수 있겠느냐

욥기 41장

1 네가 낚시로 리워야단을 끌어낼 수 있겠느냐 노끈으로 그 혀를 맬 수 있겠느냐

2 너는 밧줄로 그 코를 꿸 수 있겠느냐 갈고리로 그 아가미를 꿸 수 있겠느냐

3 그것이 어찌 네게 계속하여 간청하겠느냐 부드럽게 네게 말하겠느냐

<u>4</u> 어찌 그것이 너와 계약을 맺고 너는 그를 영원히 종으로 삼겠느냐

<u>5</u> 네가 어찌 그것을 새를 가지고 놀듯 하겠으며
   네 여종들을 위하여 그것을 매어두겠느냐

<u>6</u> 어찌 장사꾼들이 그것을 놓고 거래하겠으며
   상인들이 그것을 나누어 가지겠느냐

<u>7</u> 네가 능히 많은 창으로 그 가죽을 찌르거나
   작살을 그 머리에 꽂을 수 있겠느냐

<u>8</u> 네 손을 그것에게 얹어보라 다시는 싸울 생각을 못 하리라

<u>9</u> 참으로 잡으려는 그의 희망은 헛된 것이니라
   그것의 모습을 보기만 해도 그는 기가 꺾이리라

<u>10</u> 아무도 그것을 격동시킬 만큼 담대하지 못하거든
   누가 내게 감히 대항할 수 있겠느냐

<u>11</u> 누가 먼저 내게 주고 나로 하여금 갚게 하겠느냐
   온 천하에 있는 것이 다 내 것이니라

<u>12</u> 내가 그것의 지체와 그것의 큰 용맹과 늠름한 체구에 대하여
   잠잠하지 아니하리라

<u>13</u> 누가 그것의 겉가죽을 벗기겠으며 그것에게 겹재갈을 물릴 수 있겠느냐

<u>14</u> 누가 그것의 턱을 벌릴 수 있겠느냐 그의 둥근 이틀은 심히 두렵구나

<u>15</u> 그의 즐비한 비늘은 그의 자랑이로다 튼튼하게 봉인하듯이 닫혀있구나

<u>16</u> 그것들이 서로 달라붙어 있어 바람이 그 사이로 지나가지 못하는구나

<u>17</u> 서로 이어져 붙었으니 능히 나눌 수도 없구나

<u>18</u> 그것이 재채기를 한즉 빛을 발하고 그것의 눈은 새벽의 눈꺼풀 빛 같으며

<u>19</u> 그것의 입에서는 횃불이 나오고 불꽃이 튀어나오며

<u>20</u> 그것의 콧구멍에서는 연기가 나오니
마치 갈대를 태울 때에 솥이 끓는 것과 같구나

<u>21</u> 그의 입김은 숯불을 지피며 그의 입은 불길을 뿜는구나

<u>22</u> 그것의 힘은 그의 목덜미에 있으니 그 앞에서는 절망만 감돌 뿐이구나

<u>23</u> 그것의 살 껍질은 서로 밀착되어 탄탄하며 움직이지 않는구나

<u>24</u> 그것의 가슴은 돌처럼 튼튼하며 맷돌 아래짝같이 튼튼하구나

<u>25</u> 그것이 일어나면 용사라도 두려워하며 달아나리라

<u>26</u> 칼이 그에게 꽂혀도 소용이 없고
창이나 투창이나 화살촉도 꽂히지 못하는구나

<u>27</u> 그것이 쇠를 지푸라기같이, 놋을 썩은 나무같이 여기니

<u>28</u> 화살이라도 그것을 물리치지 못하겠고 물맷돌도 그것에게는 겨같이 되는구나

<u>29</u> 그것은 몽둥이도 지푸라기같이 여기고 창이 날아오는 소리를 우습게 여기며

<u>30</u> 그것의 아래쪽에는 날카로운 토기 조각 같은 것이 달려있고
그것이 지나갈 때는 진흙 바닥에 도리깨로 친 자국을 남기는구나

<u>31</u> 깊은 물을 솥의 물이 끓음 같게 하며 바다를 기름병같이 다루는도다

<u>32</u> 그것의 뒤에서 빛나는 물줄기가 나오니 그는 깊은 바다를 백발로 만드는구나

<u>33</u> 세상에는 그것과 비할 것이 없으니
그것은 두려움이 없는 것으로 지음 받았구나

<u>34</u> 그것은 모든 높은 자를 내려다보며 모든 교만한 자들에게 군림하는 왕이니라

욥기 42장

욥의 회개

1 욥이 여호와께 대답하여 이르되

2 주께서는 못 하실 일이 없사오며
무슨 계획이든지 못 이루실 것이 없는 줄 아오니

3 무지한 말로 이치를 가리는 자가 누구니이까 나는 깨닫지도 못한 일을
말하였고 스스로 알 수도 없고 헤아리기도 어려운 일을 말하였나이다

4 내가 말하겠사오니 주는 들으시고
내가 주께 묻겠사오니 주여 내게 알게 하옵소서

5 내가 주께 대하여 귀로 듣기만 하였사오나 이제는 눈으로 주를 뵈옵나이다

6 그러므로 내가 스스로 거두어들이고 티끌과 재 가운데에서 회개하나이다

결론

7 여호와께서 욥에게 이 말씀을 하신 후에 여호와께서 데만 사람 엘리바스에게
이르시되 내가 너와 네 두 친구에게 노하나니 이는 너희가 나를 가리켜
말한 것이 내 종 욥의 말같이 옳지 못함이니라

8 그런즉 너희는 수소 일곱과 숫양 일곱을 가지고 내 종 욥에게 가서
너희를 위하여 번제를 드리라 내 종 욥이 너희를 위하여 기도할 것인즉
내가 그를 기쁘게 받으리니 너희가 우매한 만큼 너희에게 갚지 아니하리라
이는 너희가 나를 가리켜 말한 것이 내 종 욥의 말같이 옳지 못함이라

9 이에 데만 사람 엘리바스와 수아 사람 빌닷과 나아마 사람 소발이 가서
여호와께서 자기들에게 명령하신 대로 행하니라
여호와께서 욥을 기쁘게 받으셨더라

여호와께서 욥에게 복을 주시다

10 욥이 그의 친구들을 위하여 기도할 때 여호와께서 욥의 곤경을 돌이키시고
여호와께서 욥에게 이전 모든 소유보다 갑절이나 주신지라

11 이에 그의 모든 형제와 자매와 이전에 알던 이들이 다 와서
그의 집에서 그와 함께 음식을 먹고 여호와께서 그에게 내리신
모든 재앙에 관하여 그를 위하여 슬퍼하며 위로하고
각각 케쉬타 하나씩과 금 고리 하나씩을 주었더라

12 여호와께서 욥의 말년에 욥에게 처음보다 더 복을 주시니
그가 양 만 사천과 낙타 육천과 소 천 겨리와 암나귀 천을 두었고

13 또 아들 일곱과 딸 셋을 두었으며

14 그가 첫째 딸은 여미마라 이름하였고 둘째 딸은 긋시아라 이름하였고
셋째 딸은 게렌합북이라 이름하였으니

15 모든 땅에서 욥의 딸들처럼 아리따운 여자가 없었더라
그들의 아버지가 그들에게 그들의 오라비들처럼 기업을 주었더라

16 그 후에 욥이 백사십 년을 살며 아들과 손자 사 대를 보았고

17 욥이 늙어 나이가 차서 죽었더라

고난의 이유를 찾으려 애쓰다 보면
욥의 친구들처럼 고난을 죄의 결과로 여기며
하나님을 원망하기 쉽습니다.

유한한 인간이 하나님의 섭리를
다 이해할 수 없습니다.
그러므로 고난의 이유를 찾기보다
'하나님의 지혜'를 깊이 묵상해야 합니다.

내게 리워야단 같은 존재는 무엇입니까?

현재의 고난이 크고 두려워도
그보다 크신 하나님을 끝까지 신뢰하십시오.
그분께 내 고통과 슬픔을
정직하게 가지고 나아가십시오.

나를 사랑하시는 창조주 하나님이
지금도 나를 친히 돌보십니다.
모든 것이 그분의 선하신 뜻 안에
있음을 믿으십시오.

나의 묵상 ——————————————————————

그러므로 내가 스스로 거두어들이고
티끌과 재 가운데에서 회개하나이다

쓰담쓰닮 욥기 (개역개정)

초판 1쇄 발행   2022년 4월 25일

지은이   햇살콩(김나단, 김연선)

펴낸이   여진구
책임편집   김아진 정아혜
편집   이영주 정선경 진효지 최현수 안수경 김도연 최은정
책임디자인   조은혜 | 마영애 노지현
기획 · 홍보   김영하
마케팅   김상순 강성민 허병용   마케팅지원   최영배 정나영
제작   조영석 정도봉   경영지원   김혜경 김경희

303비전성경암송학교 유니게과정   박정숙 최경식
이슬비전도학교 / 303비전성경암송학교 / 303비전꿈나무장학회   어운학

펴낸곳   규장

주소   06770 서울시 서초구 매헌로 16길 20(양재2동) 규장선교센터
전화   02)578-0003   팩스   02)578-7332
이메일   kyujang0691@gmail.com   홈페이지   www.kyujang.com
페이스북   facebook.com/kyujangbook   인스타그램   instagram.com/kyujang_com
카카오스토리   story.kakao.com/kyujangbook
등록일   1978.8.14. 제1-22

책값   뒤표지에 있습니다.
ISBN 979-11-6504-315-5   03230

규 | 장 | 수 | 칙

1. 기도로 기획하고 기도로 제작한다.
2. 오직 그리스도의 성품을 사모하는 독자가 원하고 필요로 하는 책만을 출판한다.
3. 한 활자 한 문장에 온 정성을 쏟는다.
4. 성실과 정확을 생명으로 삼고 일한다.
5. 긍정적이며 적극적인 신앙과 신행일치에의 안내자의 사명을 다한다.
6. 충고와 조언을 항상 감사로 경청한다.
7. 지상목표는 문서선교에 있다.

하나님을 사랑하는 자 곧 그의 뜻대로 부르심을 입은 자들에게는 모든 것이 合力하여 善을 이루느니라(롬 8:28)

규장은 문서를 통해 복음전파와 신앙교육에 주력하는 국제적 출판사들의
협의체인 복음주의출판협회(E.C.P.A:Evangelical Christian Publishers
Association)의 출판정신에 동참하는 회원(Associate Member)입니다.